Car on donnera à celui qui a et à celui qui n'a pas on ôtera même ce qu'il a

DAG HEWARD-MILLS

Parchment House

Sauf indication contraire, toutes les citations bibliques sont tirée de la version Louis Segond de la Bible

Titre original : « He that hath, to him shall be given: and he that hath not, from him shall be taken even that which he hath. »
Publié pour la première fois en 2012 par Parchment House

Version française publiée pour la première fois en 2012
par Parchment House.
Traduit par : Professional Translations, Inc.
Quatrième impression en 2015

ISBN : 978-9988-8503-3-3

Pour en savoir plus sur Dag Heward-Mills
Campagne Jésus qui guérit
Écrivez à : evangelist@daghewardmills.org
Site web : www.daghewardmills.org
Facebook : Dag Heward-Mills
Twitter : @EvangelistDag

Table des matières

1. « Celui qui a » et celui qui n'a pas 1

2. « Celui qui a » obtiendra encore plus grâce à son attitude et à son caractère positifs 8

3. « Celui qui n'a pas » a des traits de caractère négatifs qui lui font perdre le peu qu'il a 35

4. La recherche dévoile les traits de caractère à l'origine de la pauvreté et de l'inégalité 55

5. « Celui qui a » obtiendra encore plus grâce à sa créativité 59

6. « Celui qui a » aura encore plus grâce à sa capacité à reconnaître les personnes que Dieu a placées dans sa vie 81

7. « Celui qui a » recevra encore plus parce qu'il reconnaît la place de sa bénédiction 95

8. « Celui qui a » obtiendra encore plus car il reconnaît la grâce de Dieu 100

9. « Celui qui a » obtiendra encore plus parce qu'il est un bâtisseur 114

10. « Celui qui a » obtiendra encore plus, car il est un semeur de graines 123

11. « Celui qui a » obtiendra encore plus, car il a le pouvoir d'obtenir la richesse 133

12. « Celui qui a » obtiendra encore plus, car il respecte la petite différence qui fait une grande différence 140

13. Comment une petite différence entre les primates et les hommes fait une grande différence 148

14. « Celui qui a » ne gaspille pas les bonnes choses qui viennent de Dieu 162

Chapitre 1

« Celui qui a » et celui qui n'a pas

Est-ce vrai ?

Car on donnera à celui qui a ; mais à celui qui n'a pas on ôtera même ce qu'il a.

Marc 4:25

Cela doit être vrai, même si c'est un passage qui paraît étrange. Que ce passage de la Bible a l'air injuste ! Pourquoi ceux qui ont de l'argent devraient être ceux qui en reçoivent encore plus ? Pourquoi ceux qui ont peu devraient être ceux qui perdent même ce qu'ils ont ? Pourquoi est-ce que dans la vraie vie, ce sont ceux qui ont qui acquièrent encore plus ? Pourquoi est-ce que les choses sont à l'exact opposé de ce qu'elles devraient être ?

Même si ce passage semble injuste, il est vrai, pour deux raisons. *Il est vrai, parce que Jésus l'a dit.* Le ciel et la terre passeront, mais ses paroles ne passeront point. (Matthieu 24:35). Les paroles de Jésus sont les plus puissantes qui aient jamais été prononcées.

La deuxième raison pour laquelle ce passage est vrai est que c'est ce que nous voyons autour de nous. Tout le monde veut plus, mais seuls quelques-uns obtiennent plus. *Alors, qui obtient vraiment plus ?*

Il est normal pour tout le monde que ceux qui n'ont pas beaucoup reçoivent une compensation. Nous souhaitons que tout le monde ait au moins le nécessaire. Pourtant, tant la vie quotidienne que l'histoire nous montrent que « celui qui a » est celui qui obtient davantage de tout. Il suffit de regarder autour de vous et de voir que ceux qui n'ont pas beaucoup perdent le peu qu'ils ont ! Nous pouvons tous constater que les paroles de Jésus sont vraies.

Ce livre traite entièrement de ce passage étrange. Vous allez voir comment ce passage qui paraît « étrange » s'applique à des choses à la fois physiques et spirituelles. Penchons-nous sur la signification de « celui qui a ».

« Celui qui a » des biens physiques

1. **« Celui qui a » de l'argent, des maisons et des voitures aura encore plus d'argent, plus de maisons et plus de voitures.**

   Les riches (« ceux qui ont ») deviennent de plus en plus riches et semblent ne jamais manquer de rien, alors que les pauvres s'appauvrissent de jour en jour. L'Afrique, le continent le plus pauvre du monde est la seule partie de la planète qui n'a cessé de s'appauvrir lors de ces trente dernières années.

   L'Amérique et l'Europe, qui sont déjà riches, sont devenues encore plus riches et ont augmenté leurs réserves d'or, leurs fortunes et leurs propriétés. L'Afrique, qui a de grands besoins en infrastructure, a détruit le peu qu'elle avait au cours de guerres civiles et de conflits tribaux.

   Il est clair qu'une personne qui a construit une maison a plus de chances d'en avoir plusieurs. Quelqu'un qui n'a pas construit de maison a moins de chances d'en construire une dans le futur. Une personne qui ne possède pas de maison a plus de risques de perdre son logement actuel. Une personne qui n'a pas construit de maison a plus de risque d'être expulsée par son propriétaire.

   Ceux qui ont une voiture ont plus de chances d'en posséder plusieurs dans l'avenir. Les personnes pauvres qui ne possèdent pas de voiture mais qui se déplacent toujours en bus et en taxi continueront sans doute de faire de même dans les années à venir.

2. **« Celui qui a » un emploi recevra encore plus de propositions d'emploi.**

   Celui qui a un emploi est plus susceptible d'obtenir plus d'emplois. Si vous êtes cuisinier à l'Hôtel Golden Tulip, vous êtes susceptible d'être contacté par le nouvel Hôtel Sheraton pour y travailler comme cuisinier. Malheureusement, quelqu'un qui vient de terminer sa formation de cuisinier à l'école hôtelière locale a moins de chances d'être contacté pour le poste au nouvel Hôtel Sheraton. « Celui qui a » un emploi est plus susceptible d'avoir un autre emploi. Une personne qui travaille en tant que trésorier d'une banque a plus de chances d'être contacté par une autre banque pour une offre d'emploi encore meilleur. Malheureusement, un jeune diplômé qui sort de l'université a moins de chances d'être contacté par la banque. Cette personne devra passer du temps à chercher un emploi et devra essuyer de nombreux refus.

3. « Celui qui a » un enfant en aura encore plus.

Les personnes qui ont des enfants pourront plus facilement donner naissance à l'enfant suivant. On rencontre souvent des mères qui sont malheureuses parce qu'elles sont tombées enceintes. Ces personnes ont déjà un certain nombre d'enfants. Malheureusement, ceux qui n'ont pas d'enfant du tout peinent à en avoir même un seul. C'est un triste paradoxe, mais c'est une réalité dans notre monde.

4. « Celui qui a » le pouvoir en aura encore plus.

Les familles qui détiennent le pouvoir ont plus de chances d'avoir davantage de pouvoir politique. On peut se demander pourquoi la famille Bush a produit deux présidents ? Est-il juste que la famille Kennedy ait deux présidents ?

Vous désirez peut-être qu'une autre famille ait quelques politiciens célèbres ou qu'un membre d'une autre famille devienne président. Mais il est plus probable qu'il y ait plus de présidents issus d'une famille déjà célèbre.

5. « Celui qui a » de l'éducation aura encore plus d'éducation.

Il est plus probable qu'une famille de juristes et de médecins produisent d'autres avocats et médecins. Il est improbable que d'une famille de villageois illettrés proviennent de futurs avocats, des médecins et des scientifiques.

Ainsi, la Bible a nouveau raison. Les familles qui comptent des gens éduqués en produisent encore plus. Les familles qui n'ont pas de personnes instruites semblent perdre même celles qu'elles ont.

6. **« Celui qui a » des amis haut placés aura encore plus d'amis.**

Quelqu'un qui connaît des gens importants a plus de chances de rencontrer des gens encore plus importants à mesure que les années passent. Un villageois ou un pauvre analphabète qui ne connaît aucun ingénieur, médecin ou avocat est moins susceptible de rencontrer une personne importante au cours de l'année. En outre, à cause de sa pauvreté, il se peut que les gens perdent tout intérêt pour lui et que ses amis soient de moins en moins nombreux.

7. **Celui qui est célèbre deviendra encore plus célèbre.**

Une personne célèbre est susceptible de devenir encore plus célèbre, si elle continue à pratiquer son activité. Une personne inconnue habitant dans un village éloigné a peu de chances de devenir célèbre dans l'année à venir.

« Celui qui a » des biens spirituels

1. **« Celui qui a » la connaissance de Dieu a plus de chance d'augmenter cette connaissance.**

Il grandira sans doute dans la connaissance et dans la crainte de Dieu. Ces personnes qui sont ointes sont susceptibles de devenir encore plus ointes dans les années à venir.

2. **L'évangéliste qui a gagné de nombreuses âmes a plus de chances d'en gagner plus dans l'année à venir.**

Il est susceptible de mener encore plus de croisades, alors que l'évangéliste qui réunit des foules très réduites verra diminuer la participation des fidèles à ses petites croisades. Le jeune homme dans l'église qui n'a gagné qu'une seule âme dans sa vie chrétienne n'est pas susceptible de gagner des âmes cette année.

3. **Le pasteur qui a une grande église a des chances d'avoir une église encore plus grande dans l'année qui vient.**

   Un pasteur qui a une grande église est plus susceptible d'agrandir son église. Une petite église a plus de risque de devenir encore plus petite. Une petite église a plus de chances de perdre ses membres et de fermer qu'une grande église.

4. **Les serviteurs de Dieu qui sont oints semblent avoir plus de dons et être plus sacrés.**

   Ils semblent avoir plus d'influence et accomplissent plus d'exploits pour le Seigneur. Les personnes qui n'ont pas de don semblent devenir encore moins séduisantes. Elles ont tendance à devenir encore moins ointes.

5. **Les pasteurs qui possèdent des bâtiments religieux semblent construire encore plus de bâtiments.**

   Ceux qui n'ont pas de bâtiment pour leur église semblent être menacés d'expulsion des locaux qu'ils louent. Les membres de l'église semblent fuir les petites églises pour peupler les grandes, ce qui réduit la taille déjà modeste des petites congrégations.

6. **Les églises qui ont un grand revenu sont plus susceptibles d'avoir un grand revenu dans l'année à venir.**

   Les églises qui ont un faible revenu risquent de perdre des membres ou de perdre des revenus dans l'année à venir.

7. **Les ministres de l'Évangile qui ont formé de nombreux dirigeants plein d'avenir sont susceptibles d'en former encore plus.**

   Les personnes qui n'ont jamais formé de dirigeant sont moins susceptibles d'avoir un successeur.

Pourquoi est-ce ainsi ?

Pourquoi est-ce que la parole de Jésus « quiconque a, doit recevoir encore plus » est-elle si vraie ?

Pourquoi « celui qui a » aura davantage

Ceux qui « ont » ont fait certaines choses qui leur ont permis d'acquérir ce qu'ils ont. Habituellement ceux qui « ont » *continuent à appliquer les mêmes principes pour augmenter leurs possessions.*

Pourquoi « Celui qui n'a pas » perdra même le peu qu'il possède

Ôtez-lui donc le talent, et donnez-le à celui qui a les dix talents.

Matthieu 25:28

Ceux qui n'ont pas beaucoup, n'appliquent pas les principes ou ne suivent pas les idéaux qui mènent à la richesse. Habituellement, ceux qui n'ont pas de biens continuent et persistent dans les mauvais principes et les idées qui les ont conduits à leur état actuel de pauvreté. À cause de cela, leur pauvreté s'aggrave et leurs problèmes deviennent encore plus compliqués.

Un regard rapide sur les pays et les économies africaines révèle une pauvreté encore plus sévère et plus profondément enracinée que celle qui existait il y a cinquante ans. Il aurait fallu un miracle pour sortir l'Afrique de la pauvreté due à la période coloniale, mais elle a maintenant besoin d'un millier d'autres miracles pour sortir de la situation dans laquelle elle se trouve. C'est parce que les difficultés et les défis de l'Afrique ont augmenté, se sont multipliés et sont devenus très complexes et qu'ils nécessitent aujourd'hui des solutions très complexes.

Un ministère qui doit faire face à la crise, aux difficultés et à la pauvreté a souvent des problèmes qui dépassent la compréhension humaine. Ce sont souvent des problèmes complexes, anciens et profondément enracinés. *Ces problèmes sont souvent des aggravations de difficultés complexes.* C'est pourquoi Jésus a dit : à celui qui a sera donné plus et celui qui ne possède pas perdra même ce qu'il a.

Que devons-nous faire ?

Que devons-nous faire maintenant ? Nous devons honnêtement identifier les causes des inégalités qui existent dans notre monde - à la fois spirituellement et financièrement. Nous devons identifier les petites différences qui aboutissent aux grandes différences que nous voyons. Nous devons suivre les leçons que nous tirons de « celui qui a ». Il n'y a pas de solution rapide pour passer de la pauvreté à la richesse.

Ce n'est pas un livre sur la prospérité. Je n'ai rien contre les livres sur la prospérité. Je crois en la prospérité. Mais c'est un livre qui va plus loin pour comprendre les paroles mystique de Jésus : « celui qui a » doit recevoir davantage et « celui qui n'a pas », perdra même ce qu'il a. Si vous appliquez les principes de ce livre, vous deviendrez « celui qui a ».

Étonnamment, les études réalisées par des chercheurs laïques confirment les vérités de la parole de Jésus. Un examen plus attentif des choses que les laïques ont découvert est très utile pour comprendre pourquoi « celui qui a » reçoit encore plus et « celui qui n'a pas » perd même ce qu'il a.

Les paroles de Jésus sont très profondes. Même sans recherche, les paroles de Jésus sont les mots qui expliquent pourquoi nous avons les « nantis » et les « démunis » en ce monde.

Ne méprisez pas les connaissances et la sagesse qui sont révélées dans ce livre. Prenez-les au sérieux parce que l'Esprit de Dieu est l'Esprit de connaissance.

En vérité, il n'y a pas de sagesse qui égale la sagesse de Jésus et il n'y a pas de paroles qui égalent Ses paroles. Le ciel et la terre passeront, mais vous découvrirez que ceux qui « ont » reçoivent encore plus et ceux qui « n'ont » pas perdent même le peu qu'ils ont.

Chapitre 2

« Celui qui a » obtiendra encore plus grâce à son attitude et à son caractère positifs

À cause de cela même, faites tous vos efforts pour joindre à votre foi la vertu, à la vertu la science, À la science la tempérance, à la tempérance la patience, à la patience la piété, À la piété l'amour fraternel, à l'amour fraternel la charité.

Car SI CES CHOSES SONT EN VOUS, ET Y SONT AVEC ABONDANCE, ***elles ne VOUS laisseront*** **POINT OISIFS NI STÉRILES pour la connaissance de notre Seigneur Jésus Christ.**

2 Pierre 1:5-8

Le passage ci-dessus nous montre que si vous avez certaine « choses » en vous, vous ne serez pas stérile, infructueux ou improductif. Les « choses » auxquelles Pierre fait référence sont des traits de caractère positifs, tels que la diligence, la foi, la vertu, la tempérance, etc. Ce sont les traits de caractère positifs d'une personne qui la mènent à la fécondité ou la productivité.

Ce sont les traits positifs de la personnalité d'un individu qui lui permettent d'échapper à l'improductivité, à la stérilité et à la pauvreté. La stérilité évoque un paysage aride à la très faible productivité. Les champs secs et stériles de « celui qui n'a pas » témoignent de l'absence de certains traits de caractère positifs chez quelqu'un. Quels sont les traits de caractère positifs d'un individu qui le transforment en «celui qui a » ? C'est ce dont traite ce chapitre. Il existe neuf traits de caractère positifs importants associés à la fécondité, à la productivité et à l'abondance.

Ces traits de caractère positifs sont identifiés dans la parole de Dieu et dans le passage ci-dessus. Ce sont les traits de personnalité qui feront de quiconque une personne riche. Ces traits de caractère doivent être identifiés, encouragés et développés en vous afin que vous puissiez devenir « celui qui a ». La Bible nous enseigne qu'une fois que ces traits positifs sont présents, la stérilité et la pauvreté disparaissent.

Les traits de caractère positifs sont *la diligence, la foi, la vertu, la connaissance, la tempérance, la patience, la piété, l'amour fraternel et la charité.* Parce que ces traits de caractère sont essentiels, il est important que vous sachiez quelques petites choses sur chacun d'eux et que vous compreniez comment ils fonctionnent.

TRAIT DE CARACTÈRE POSITIF : LA DILIGENCE

Définition de la diligence : la diligence est *l'effort persistant et constant* fait par quelqu'un pour résoudre un problème, pour surmonter les difficultés et accomplir de grandes choses.

Quatre choses à savoir à propos de la diligence

1. **La diligence est le trait de caractère qui rend une personne riche.** Presque toutes les personnes riches sont diligentes.

   Celui qui agit d'une main lâche s'appauvrit, mais la main des DILIGENTS ENRICHIT.

   Proverbes 10:4

2. **La diligence est le trait de caractère qui forme un leader.** La plupart des leaders sont riches et prospères parce qu'ils sont en avance sur tous ceux qu'ils dirigent.

   La main des DILIGENTS DOMINERA, mais la main lâche sera tributaire.

   Proverbes 12:24

3. **La diligence est le trait de caractère qui permet d'avoir des idées qui mènent à l'abondance et à la richesse.**

> Les PROJETS DE L'HOMME DILIGENT NE MÈNENT QU'À l'ABONDANCE, mais celui qui agit avec précipitation n'arrive qu'à la disette.
>
> Proverbes 21:5

4. La diligence est le trait de caractère qui mène à la promotion.

> As-tu vu un homme diligent dans son travail? il se tiendra devant les rois, il ne se tiendra pas devant des gens obscurs.
>
> Proverbes 22:29 (FDB)

Dans l'histoire, la diligence est ce qui a permis aux gens de réussir et de devenir riches. En étudiant attentivement les dirigeants, les millionnaires et les hommes opulents, on découvre souvent beaucoup de diligence et de travail acharné. L'histoire de la manière dont *KFC* a été créé est un cas classique de l'importance de la diligence.

Comment la diligence a permis d'établir l'entreprise Kentucky Fried Chicken, célèbre dans le monde entier

Lorsque le colonel Harland Sanders prit sa retraite à l'âge de 65 ans, il possédait peu de chose, sinon une vieille Cadillac, un chèque de 105 $ par mois pour sa retraite et une recette de poulet.

Ne pouvant pas vivre de sa retraite, il prit sa recette de poulet et se mit au volant de sa voiture, résolu à faire fortune. Son premier projet était de vendre sa recette de poulet à des propriétaires de restaurants qui lui reverseraient une commission pour chaque morceau de poulet vendu (5 cents par poulet). Le premier restaurateur à qui il fit appel refusa.

Le second refusa également.

Le troisième refusa également.

Il en fut de même pour les mille suivants.

Le colonel Sanders essuya 1008 refus. Pourtant, il continua à faire sa proposition à des propriétaires de restaurants, sillonnant les États-Unis, dormant dans sa voiture pour économiser de l'argent. *Il obtint son premier « oui » la 1009ème fois.* Vous comprenez mieux maintenant la définition de la diligence : *l'effort persistant et constant pour réussir à résoudre un problème, pour surmonter les difficultés et accomplir de grandes choses.*

Après deux ans passés à réaliser des ventes quotidiennement, il avait obtenu la signature de cinq restaurants au total. Mais le colonel persista, persuadé qu'il possédait une très bonne recette de poulet et qu'un jour son projet aboutirait.

Bien sûr, vous savez comment l'histoire se termine. Son projet a effectivement abouti. En 1963, le colonel possédait 600 restaurants partout aux États-Unis, vendant sa recette secrète de Kentucky Fried Chicken (aux 11 herbes et épices).

En 1964, il a été racheté par le futur gouverneur du Kentucky, John Brown. Même si la vente de son affaire a fait de lui un multimillionnaire, il a continué à représenter et à promouvoir KFC jusqu'à sa mort en 1990.

L'histoire du colonel Sanders nous enseigne une leçon importante : il ne faut jamais abandonner. Plus tôt dans sa vie, le colonel avait monté d'autres entreprises, mais celles-ci n'avaient pas marché. Il possédait une station-service dans les années 30, un restaurant dans les années 40 et il a abandonné ces deux projets. À l'âge de 65 ans, cependant, Harland Sanders a décidé que son idée de poulet était la bonne et il a refusé d'abandonner, en dépit de ses échecs répétés.

Il savait que s'il continuait à frapper aux portes, quelqu'un finirait par dire « oui ». C'est ainsi que Jésus nous a dit de voir la vie. De la diligence ! Jésus a dit : « Demandez, et l'on vous donnera ; cherchez, et vous trouverez ; frappez, et l'on vous ouvrira. » (Luc 11:9). Nous devons être obstinés et ne pas nous laisser détourner de notre mission.

La diligence d'Abraham Lincoln

Abraham Lincoln, célèbre président des États-Unis, est un autre bon exemple d'une diligence sans faille et qui ne connaît pas la défaite. En dépit des échecs répétés et des difficultés, il persista dans sa mission politique jusqu'à ce qu'il ait réussi. Voyez comment ses nombreuses défaites ne l'ont pas découragé. Il a persisté et ses efforts inlassables ont payé à la fin. Il connut un échec dans ses affaires en 1831,

Il échoua à la législature de 1832,

Il connut un second échec dans ses affaires en 1833,

Il souffrit d'une dépression nerveuse en 1836,

Il échoua à l'élection de président de la chambre des représentants de 1838,

Il échoua à l'élection des grands électeurs de 1840,

Il échoua à l'élection du Congrès en 1843,

Il échoua à l'élection du Congrès en 1848,

Il échoua à l'élection du Sénat en 1855,

Il échoua à l'élection de vice-président en 1856,

Il échoua à l'élection du Sénat en 1858,

Il fut enfin élu président en 1860.

Peut-être que maintenant vous comprenez pourquoi une personne qui a le trait de caractère positif de la diligence est généralement une personne qui réussit. Une personne diligente est sûre de devenir « celui qui a »

TRAIT DE CARACTÈRE POSITIF : LA FOI

Définition de la foi : *la foi est la croyance ferme en quelque chose pour laquelle n'existe pas de preuve.* C'est également la croyance en Dieu.

Six choses à savoir à propos de la foi

1. La foi est le trait de caractère qui vous permet de surmonter de grands problèmes et des obstacles. Je vous

le dis en vérité, si quelqu'un dit à cette MONTAGNE : Ôte-toi de là et jette-toi dans la mer, et s'il ne doute point en son cœur, mais croit que ce qu'il dit arrive, il le verra s'accomplir. (Marc 11:23)

Les gens qui ont la foi sont capables de déplacer des montagnes. Une montagne est un gros problème. Pour déplacer des montagnes et devenir « celui qui a », vous aurez besoin du trait de caractère positif de la foi. De grandes réussites sont en général de grandes victoires remportées sur des défis insurmontables.

2. **La foi est le trait de caractère qui permet un témoignage favorable Pour l'avoir possédée, les anciens ont obtenu un témoignage favorable. (Hébreux 11:2)**

   Pour avoir un témoignage favorable attestant que vous connaissez l'abondance, vous devez être un peu plus sage que le singe moyen du quartier. Vous aurez besoin de voir la corrélation entre les traits de caractère positifs et la prospérité. La Bible nous enseigne que des témoignages favorables ont été donnés à des hommes de foi. De bonnes choses sont souvent dites à propos de personnes pleines de foi qui croyaient en une vision avant qu'elle ne devienne une réalité. Vous vous rappelez toujours les gens qui croyaient en vous avant que vous ne réussissiez. Certaines personnes vous fréquentent, mais ne croient pas en vous ou en votre vision. Ces personnes n'auront pas un témoignage favorable. Un témoignage favorable est destiné à ceux qui croient quand il n'ya rien à voir.

3. **La foi est le trait de caractère qui rend une personne victorieuse. Parce que tout ce qui est né de Dieu triomphe du monde ; et la victoire qui triomphe du monde, c'est notre foi. (1 Jean 5:4).**

   La victoire est donnée aux hommes de foi. Sans la foi, vous ne serez jamais victorieux et ne deviendrez pas « celui qui a ». La victoire dont vous avez besoin vous sera offerte par votre foi en Dieu.

4. **La foi est le trait de caractère qui rend une personne visionnaire. C'est par la foi qu'il quitta l'Égypte, sans être effrayé de la colère du roi ; car il se montra ferme, comme VOYANT CELUI QUI EST INVISIBLE (Hébreux 11:27).**

   Un visionnaire est quelqu'un qui peut voir l'avenir. Il peut voir comment les choses vont s'arranger.

   La foi est la preuve des réalités qu'on ne voit pas. Sans la foi, vous ne pouvez pas visualiser ou imaginer un bon résultat et bon avenir. Sans la foi vous serez plein de plaintes, de murmures et de récriminations. Vous ne verrez jamais les grandes possibilités de ce que Dieu peut faire pour vous. Tous vos calculs seront basés sur « ici et maintenant », car vous ne pouvez pas voir l'invisible. Moïse était un grand homme de foi. Il a enduré et a réussi parce qu'il a vu *l'invisible.*

5. **La foi est le trait de caractère qui permet de ne pas être insensé. L'insensé dit en son cœur : Il n'y a point de Dieu... (Psaumes 14:1).**

   L'insensé dit qu'il n'y a pas de Dieu. La foi vous propulse hors des divagations insensées et dans la sagesse.

6. **La foi est le trait de caractère qui plaît le plus à Dieu. Or sans la foi il est impossible de Lui être agréable (Hébreux 11:6).**

   D'une certaine manière, sans la foi il est impossible de vous concilier Dieu. Vous devez être positif, vous devez penser correctement et vous devez être en attente des choses positives si vous voulez plaire à Dieu.

TRAIT DE CARACTÈRE POSITIF : LA VERTU

Définition de la vertu : *la vertu est la capacité de faire ce qui est bon et juste et d'éviter le mal.*

On compte sept vertus cardinales. Quatre d'entre elles sont des vertus naturelles et trois sont des vertus théologales. Les quatre vertus naturelles sont la justice, la prudence, la tempérance et le courage. Les trois vertus théologales sont la foi, l'espérance et l'amour.

Pour vivre une vie au cours de laquelle vous faites ce qui est juste et vous évitez ce qui est mal, vous devez employer la justice, la prudence, la tempérance, le courage, la foi, l'espérance et l'amour. La force de caractère est la force d'esprit qui permet de supporter l'adversité.

Quatre choses que vous devez savoir sur la vertu (bonté)

1. **La vertu est un trait de caractère personnel qui vous fait détester le mal.** Une personne vertueuse est pleine de bonté et a des principes moraux forts.

   … Ayez le mal en horreur ; attachez-vous fortement au BIEN.

   Romanis 12:9

2. **La vertu (bonté) est un trait de caractère personnel qui empêche de rechercher au hasard des personnes du sexe opposé.** Ruth était une femme vertueuse. Elle a refusé de suivre les jeunes hommes, pauvres ou riches. Elle était préoccupée par ce qui est juste. Beaucoup de personnes ne sont pas riches parce qu'elles suivent le sexe opposé et sont détruites par les nombreux enchantements, les plaisirs et tromperies.

   Et il dit : Sois bénie de l'Éternel, ma fille ! Ce dernier trait témoigne encore plus en ta faveur que le premier, car TU N'AS PAS RECHERCHÉ DES JEUNES GENS pauvres ou riches.

   Maintenant, ma fille, ne crains point ; je ferai pour toi tout ce que tu diras ; car toute la porte de mon peuple sait que TU ES UNE FEMME VERTUEUSE.

   Ruth 3:10-11

3. **La vertu (bonté) est un trait de caractère personnel qui**

rend une personne sincèrement serviable. La vertu (bonté) est le trait de caractère personnel qui vous fait faire du bien aux gens et non le mal. Une femme vertueuse fait du bien à son mari et non le mal. Sans la vertu, une belle femme est objet inutile qui se fait voir.

La Bible dit que la beauté est vaine. Ce n'est que lorsque la vertu vient aux femmes qu'elles font du bien aux hommes. Beaucoup de femmes font le mal à leurs hommes parce qu'elles n'ont pas de vertu. La vertu est très différente de la beauté. La beauté est inutile, mais la vertu est précieuse. Quand une personne fait du bien à quelqu'un, cette personne sera récompensée. Les récompenses acquises pour avoir fait le bien et non le mal sont ce qui fait qu'une personne devient « celui qui a ».

Qui peut trouver une FEMME VERTUEUSE ? Elle a bien plus de valeur que les perles... ELLE LUI FAIT DU BIEN, et non du mal, Tous les jours de sa vie.

Proverbes 31:10

4. **La vertu (bonté) est un trait de caractère personnel qui donne le goût du travail, l'énergie et l'esprit d'entreprise.** La seule personne qui soit décrite comme étant vertueuse dans la Bible est la femme vertueuse de Proverbes 31. Ses caractéris-tiques principales étaient son goût pour le travail et pour les activités industrieuses. Elle se levait tôt, remontait ses manches et faisait tout dans la maisonnée.

On ne peut pas en dire autant de beaucoup de belles femmes, dont la principale préoccupation est de s'habiller et de se maquiller de plus en plus. Leur beauté est une façade qui couvre leur vacuité. Leur apparence améliorée indique quel niveau de tromperie vous devez attendre de telles personnes non vertueuses.

Vous aurez une surprise énorme lorsque vous serez marié à quelqu'un qui n'a aucune vertu. Vous rencontrerez la paresse, l'inaction et l'oisiveté. Vous souffrirez également d'une offre réduite de nourriture, de sexe et de tout ce qui se passe dans l'intimité. Vous verrez comment la femme vertueuse de Proverbes 31 s'affaire et s'assure que chacun dans la maisonnée ait ce dont il a besoin. Elle se soucie plus de la satisfaction des besoins de son ménage que d'impressionner les étrangers.

Une femme vertueuse est pleine de vérité, de sincérité et d'authenticité.

L'histoire qui suit nous enseigne l'importance de faire ce qui est bon et juste. Faire ce qui est bon et juste mènera toujours à l'abondance. La vertu est un trait de caractère positif qui fera de vous « celui qui a ».

Ching Chong Chang

Un empereur d'Extrême-Orient vieillissait et savait qu'il était temps de choisir son successeur. Au lieu de choisir l'un de ses assistants ou l'un de ses enfants, il eut une idée différente. Un jour, il convoqua tous les jeunes gens du royaume. Il leur dit : « Il est temps pour moi de me retirer et de nommer mon successeur. J'ai décidé de choisir l'un d'entre vous ».

Les jeunes furent surpris, mais l'empereur continua. « Aujourd'hui, je vais donner à chacun d'entre vous une graine. Une graine très spéciale ! Je veux que vous la plantiez, que vous l'arrosiez et que vous reveniez dans un an avec ce que vous aurez cultivé à partir de cette graine. Je jugerai alors les plantes que vous m'apporterez, et celle que je choisirai sera celle de mon successeur !

Un garçon nommé Ching Chong Chang était présent ce jour-là et, comme les autres, il reçut une graine. Il rentra chez lui et raconta avec enthousiasme l'histoire à sa mère. Elle l'aida à trouver un pot et de l'engrais et il planta la graine et l'arrosa soigneusement. Chaque jour, il l'arrosait et la regardait pour voir si elle avait poussé. Après environ trois semaines, certains des autres jeunes gens commencèrent à parler de leurs graines et des plantes qui commençaient à croître. Ching Chong Chang continua à regarder sa graine, mais rien n'en sortit. Trois semaines, quatre semaines, cinq semaines passèrent. Toujours rien. À ce moment-là, les autres parlaient de leurs plantes, mais Ching Chong Chang n'en avait pas et il sentait qu'il avait échoué. Six mois passèrent, toujours rien dans le pot de Ching Chong Chang. Il se rendit compte qu'il avait tué sa semence.

Tous les autres avaient des arbres et de hautes plantes, mais lui n'avait rien. Ching Chong Chang ne dit rien à ses amis, cependant. Il continua d'attendre que sa graine pousse.

Une année passa et enfin tous les jeunes du royaume apportèrent leurs plantes à l'empereur pour qu'il les examine. Ching Chong Chang dit à sa mère qu'il n'allait pas apporter un pot vide. Mais sa mère lui dit de raconter honnêtement ce qui s'était passé. Ching Chong Chang savait que sa mère avait raison et il emporta donc son pot vide au palais. Lorsque Ching Chong Chang arriva, il fut étonné par la variété de plantes cultivées par les autres jeunes gens. Elles étaient belles, de toutes les formes et de toutes les tailles. Ching Chong Chang posa son pot vide par terre et de nombreux autres jeunes se moquèrent de lui.

Quelques-uns furent désolés pour lui et lui dirent, « Hé, c'est bien d'avoir essayé ! »

Quand l'empereur arriva, il inspecta la salle et salua les jeunes gens. Ching Chong Chang essaya de se cacher à l'arrière. « Quelles belles plantes, quels grands arbres et quelles superbes fleurs que vous avez cultivé », dit l'empereur. « Aujourd'hui, l'un de vous sera nommé empereur ! » Tout d'un coup, l'empereur repéra Ching Chong Chang à l'arrière de la salle avec son pot vide. Il ordonna à ses gardes de le faire venir à l'avant. Ching Chong Chang était terrifié. « L'empereur sait que j'ai échoué. Peut-être va-t-il me faire tuer ! »

Lorsque Ching Chong Chang arriva devant l'empereur, celui-ci lui demanda son nom. « Mon nom est Ching Chong Chang » répondit-il. Tous les enfants riaient et se moquaient de lui. L'empereur demanda à chacun de se calmer. Il regarda Ching Chong Chang, puis déclara à la foule : « Voici votre nouvel empereur ! Son nom est Ching Chong Chang ! » Ching Chong Chang n'arrivait pas à y croire. Ching Chong Chang n'avait même pas été capable de cultiver sa graine. Comment pourrait-il être le nouvel empereur ?

Alors l'empereur dit : « Il ya un an aujourd'hui, j'ai donné à tout le monde ici une graine. Je vous ai dit de l'emporter, de la planter, de l'arroser et de me la rapporter aujourd'hui. *Mais je vous ai tous donné des graines bouillies*, qui ne pousseraient pas. Tous, sauf Ching Chong Chang, vous m'avez apporté des arbres, des plantes et des fleurs. Lorsque vous avez vu que votre graine ne poussait pas, vous l'avez remplacée par une autre. Ching Chong Chang est le seul qui ait eu le courage et l'honnêteté de m'apporter un pot avec ma graine. Par conséquent, c'est lui qui sera le nouvel empereur ! »

En effet, le jeune homme fit preuve de la vertu qui lui valut la couronne. Le courage, l'honnêteté et la sincérité sont des traits essentiels pour faire de vous « celui qui a ».

TRAIT DE CARACTÈRE POSITIF : LA SCIENCE

Définition de la science : *la science est la condition par laquelle vous connaissez des faits et des réalités qui sont vraies, importantes et pertinentes.*

La science est très importante et l'absence de science (l'ignorance) entretient des liens étroits avec presque tous les maux connus sur terre. Plus une nation est instruite, plus elle a de science et plus elle est riche. L'espérance de vie de toute société est liée à la quantité de science qu'elle possède.

L'importance de la science et l'importance d'en avoir toujours plus est facilement démontrée par la répartition de la pauvreté et de la misère dans le monde. Si vous voulez devenir « celui qui a », vous devrez aimer la science et la sagesse et les acquérir avec tout votre cœur.

Six choses à savoir à propos de la science

1. **La science est un trait de caractère très précieux. La science est si précieuse qu'on l'appelle un trésor.**

   Dans lequel sont cachés tous les TRÉSORS de la sagesse et de la SCIENCE.

   Colossiens 2:3

2. **La science est le trait de caractère qui vous permet de vivre une vie bonne et humble.**

   LEQUEL d'entre vous est sage et INTELLIGENT ? Qu'il montre SES ŒUVRES par une bonne conduite AVEC LA DOUCEUR de la sagesse.

   Jacques 3:13

3. **La science est le trait de caractère qui vous permet d'être plein de grâce et de paix.**

   QUE LA GRÂCE ET LA PAIX vous soient multipliées PAR LA CONNAISSANCE de Dieu et de Jésus notre Seigneur !

   2 Pierre 1:2

4. **La science est le trait de caractère qui vous permet d'acquérir tout ce qui contribue à la vie et à la piété.**

   Comme sa divine puissance NOUS A DONNÉ TOUT ce qui contribue à la vie et à la piété, AU MOYEN DE LA CONNAISSANCE de celui qui nous a appelés par sa propre gloire et par sa vertu.

   2 Pierre 1:3

5. **La science est le trait de caractère qui vous permet d'échapper à la corruption de ce monde.**

   En effet, si, après s'être RETIRÉS DES SOUILLURES DU MONDE, PAR LA CONNAISSANCE du Seigneur et Sauveur Jésus Christ, ils s'y engagent de nouveau et sont vaincus, leur dernière condition est pire que la première.

   2 Pierre 2:20

6. **La science est le trait de caractère qui vous permet de**

vivre avec des personnes plus faibles.

> Maris, MONTREZ À VOTRE TOUR DE LA SAGESSE dans vos rapports avec vos femmes, comme avec un sexe plus faible ; honorez-les, comme devant aussi hériter avec vous de la grâce de la vie. Qu'il en soit ainsi, afin que rien ne vienne faire obstacle à vos prières.
>
> 1 Pierre 3:7

La science changera votre attitude envers les autres. La science vous permettra de mieux comprendre différentes situations et vous aidera à mieux diriger les gens jusqu'à ce que vous viviez dans la prospérité.

L'homme et le faucon

Un homme avait pour animal de compagnie un faucon. Il se servait de l'animal quand il allait à la chasse. Un jour, alors qu'ils étaient à la chasse, l'homme eut très soif, car ils avaient marché pendant longtemps. À ce moment-là, il aperçut un petit ruisseau coulant d'un rocher. Il devint très impatient en voyant l'eau douce et fraîche qui coulait de la roche. Il sortit sa coupe et la tendit pour recueillir de l'eau. Au moment où il s'apprêtait à porter la coupe à ses lèvres, son faucon, d'un coup brusque, la heurta et renversa toute l'eau.

À sa grande surprise, son faucon frappa la coupe à chaque fois qu'il était sur le point de boire de l'eau. Après la troisième tentative, il se mit en colère, sortit son épée et frappa son faucon.

Il le ramassa ensuite, qui se mourait dans une mare de sang. Mais il lui vint soudain à l'esprit l'idée que son faucon devait savoir quelque chose qu'il ignorait. Il devait y avoir une raison pour laquelle le faucon ne voulait pas qu'il boive cette eau. Il décida d'escalader le rocher pour vérifier par lui-même. Et que vit-il ?

Là, au sommet du rocher se trouvait un serpent venimeux, mort dans une flaque d'eau. C'était cette eau empoisonnée qui coulait lentement le long de la montagne et dans sa coupe. Son faucon savait quelque chose qu'il ignorait. Son ignorance le faisait foncer droit sur le danger. Son ignorance l'avait fait attaquer celui qui voulait l'aider. Son ignorance l'avait fait tuer son ami. Son ignorance l'avait fait détruire ce dont il avait le plus besoin.

Cher ami, la science est un trait de caractère positif très important qui transformera votre vie. Le défaut de connaissance conduit à la perte de ce dont vous avez précisément besoin.

TRAIT DE CARACTÈRE POSITIF : LA TEMPÉRANCE

Définition de la tempérance : *la tempérance est le trait de caractère qui permet d'éviter les excès et de vivre dans la modération.*

Sept choses que vous devez savoir à propos de la tempérance

1. **La tempérance est un trait de caractère qui vous fait recevoir les plus grandes récompenses.** Les personnes qui sont modérées en toutes choses se disciplinent elles-mêmes et sont capables de réaliser de grandes choses dans leur vie.

   TOUS CEUX QUI COMBATTENT S'IMPOSENT TOUTE ESPÈCE D'ABSTINENCE, et ils le font pour obtenir une couronne corruptible ; mais nous, faisons-le pour une couronne incorruptible.

   1 Corinthiens 9:25

2. **La tempérance est un trait de caractère qui fait accepter et jouir de privilèges au bon moment.** Une personne qui possède le trait de caractère de la tempérance n'utilise pas ses privilèges à la moindre occasion, elle attend le moment le plus propice. Cela n'est pas le cas des leaders rustres qui recherchent des privilèges dès qu'ils prennent leur fonction.

   HEUREUX TOI, PAYS dont le roi est de race illustre,

et DONT LES PRINCES MANGENT AU TEMPS CONVENABLE, pour soutenir leurs forces, et non pour se livrer à la boisson !

Ecclésiastes 10:17

3. **La tempérance est un trait de caractère qui fait qu'on n'accepte les privilèges uniquement parce qu'ils nous rendent plus forts.**

Heureux toi, pays dont le roi est de race illustre, et DONT LES PRINCES MANGENT au temps convenable, POUR SOUTENIR LEURS FORCES, et non pour se livrer à la boisson !

Ecclésiastes 10:17

4. **La tempérance est un trait de caractère qui vous fait réagir à la provocation de manière modérée et avec prudence.** Les gens sans modération ont tendance à réagir de façon inopportune. La tempérance nous permet de faire preuve d'une grande compréhension.

CELUI QUI EST LENT À LA COLÈRE A UNE GRANDE INTELLIGENCE, mais celui qui est prompt à s'emporter proclame sa folie.

Proverbes 14:29

5. **La tempérance est un trait de caractère qui permet à un leader de ne pas abuser de sa grande autorité et de son pouvoir.** Quand un leader abuse de sa grande autorité et de son pouvoir, il devient un oppresseur et un meurtrier. Le leadership s'accompagne souvent d'une grande autorité et le monde est rempli d'exemples de gens qui ont abusé de leur autorité et de leurs privilèges. La tempérance est le trait de caractère qui empêche un leader de devenir un oppresseur.

Un prince sans intelligence multiplie les actes d'oppression…

Proverbes 28:16

6. **La tempérance est un trait de caractère qui permet à un leader d'être modéré dans l'acquisition de richesses personnelles.**

   … Mais celui qui est ennemi de la cupidité prolonge ses jours.

   Proverbes 28:16

7. **La tempérance est un trait de caractère qui provient de l'influence à long terme du Saint-Esprit.**

   Mais le FRUIT de L'ESPRIT, c'est l'amour, la joie, la paix, la patience, la bonté, la bénignité, la fidélité, la douceur, la TEMPÉRANCE : la loi n'est pas contre ces choses.

   Galates 5:22-23

TRAIT DE CARACTÈRE POSITIF : LA PATIENCE

Définition de la patience : la patience est l'acceptation de bon cœur d'un retard ou de l'incompétence. Être patient, c'est être inébranlable, malgré l'opposition, la difficulté ou l'adversité. Une personne patiente supporte les douleurs et les épreuves sans se plaindre.

Quatre choses à savoir à propos de la patience

1. **La patience est le trait de caractère qui vous permettra d'être productif.** Pour être productif, vous devez attendre que les choses se développent jusqu'au jour de la récolte. La patience est un trait de caractère essentiel pour la productivité et la prospérité. À cause d'un manque de patience, certains s'éloignent du droit chemin, pensant pouvoir atteindre leur but plus rapidement.

   Ce qui est tombé dans la bonne terre, ce sont ceux qui, ayant entendu la parole avec un cœur honnête et bon, la retiennent, ET PORTENT DU FRUIT AVEC PERSÉVÉRANCE.

   Luc 8:15

2. **La patience est le trait de caractère qui vous permet d'hériter de bonnes choses.** « Garde le silence devant l'Éternel, et espère en lui. » Ce sont les mots du psalmiste. « Ne t'irrite pas contre celui qui réussit dans ses voies, Contre l'homme qui vient à bout de ses mauvais desseins, Car les méchants seront retranchés, Et ceux qui espèrent en l'Éternel posséderont le pays ».

   En sorte que vous ne vous relâchiez point, et que voue imitiez ceux qui, PAR LA FOI et la PERSEVERANCE, HÉRITENT des promesses.

   Hébreux 6:12

3. **La patience est le trait de caractère qui vous permettra d'être approuvé.** Vous serez approuvé parce que vous avez été capable d'attendre le jour de votre élévation. La capacité d'attendre fidèlement est toujours récompensée par une élévation. Les pasteurs de grandes églises ont tous dû patienter pendant de nombreuses années. Attendez patiemment et vous deviendrez quelqu'un qui peut être décrit comme « celui qui a ».

   Mais NOUS NOUS RENDONS À TOUS ÉGARDS RECOMMANDABLES, COMME SERVITEURS DE DIEU, PAR BEAUCOUP DE PATIENCE dans les tribulations, dans les calamités, dans les détresses.

   2 Corinthiens 6:4

La poule aux œufs d'or

Un jour, la poule d'un fermier se mit à pondre des œufs d'or. Un matin, alors qu'il allait vérifier le nid de ses poules, il trouva un œuf doré, scintillant et lumineux. Quand il le prit dans sa main, il se rendit compte qu'il était lourd comme du plomb et il allait le jeter parce qu'il pensait qu'on lui avait joué un tour. Mais il décida finalement de l'emporter chez lui. Il découvrit rapidement, pour sa plus grande joie, qu'il s'agissait d'un œuf en or pur. Chaque matin, cela se reproduisit et il devint vite riche grâce à la vente de ses œufs d'or.

Alors qu'il devenait riche, il commença à calculer combien d'argent il aurait à la fin de l'année, lorsque sa poule aurait pondu plus de trois cents œufs. Il pensa : « Je ne peux pas attendre que cette poule ponde un œuf par jour. Elle est trop lente. Si je pouvais sortir tous les œufs de son ventre en une seule fois, je serais très riche et je pourrais investir maintenant dans des bâtiments et dans d'autres projets. »

Il pensa : « je n'aurais plus besoin d'être un paysan. Je pourrais me lancer dans les affaires. »

Puis il eut une idée et se dit : « Si j'ouvrais le ventre de la poule, je pourrais prendre les trois cents œufs et devenir millionnaire immédiatement. Je n'aurais plus à vivre d'expédients comme je le fais maintenant ». Le lendemain, il ouvrit le ventre de la poule, mais à sa grande surprise il n'y avait pas d'œufs. Son impatience lui avait coûté sa fortune. Il ne pouvait pas attendre que les œufs d'or soient pondus chaque jour, il voulait les avoir immédiatement.

Voilà la puissance de l'impatience. C'est la puissance qui anéantit vos propres fruits et vos propres récompenses. La puissance de l'impatience contient la pouvoir de l'autodestruction.

TRAIT DE CARACTÈRE POSITIF : LA PIÉTÉ

Définition de la piété : *la piété est la qualité qui vous rapproche de Dieu.* Dieu a beaucoup d'attributs : Dieu est amour, Dieu est lumière et Dieu est Sa parole. Lorsque vous devenez pieux, vous êtes empli de ces traits de caractère et vous devenez semblable à Dieu dans votre comportement et votre caractère.

Quatre choses à savoir à propos de la piété

1. **La piété est un trait de caractère qui fait prier au bon moment.** La plupart des gens prient lorsqu'ils ont des ennuis, mais une personne pieuse prie au moment où elle peut trouver Dieu. Dieu aidera une personne qui prie. Lorsque

vous rencontrez quelqu'un qui prie, vous découvrez que cette personne a l'un des traits de caractère les plus importants qu'un être humain puisse avoir. Les pasteurs que je connais qui réussissent le mieux sont pieux et prient au moment où ils peuvent trouver Dieu.

> Qu'ainsi TOUT HOMME PIEUX TE PRIE au temps convenable ! Si de grandes eaux débordent, elles ne l'atteindront nullement.
>
> Psaumes 32:6

2. **La piété est un trait de caractère qui vous distinguera.** Une personne pieuse sera toujours distinguée et se démarquera des autres en raison de l'importance de Dieu dans sa vie. Voulez-vous que Dieu vous distingue ? Voulez-vous vous démarquer de vos frères ? Alors soyez une personne pieuse.

> Sachez que l'Éternel S'EST CHOISI UN HOMME PIEUX ; l'Éternel entend, quand je crie à lui.
>
> Psaumes 4:3

3. **La piété est un trait de caractère qui influence tous les aspects de votre vie.** La piété est omniprésente dans votre vie. Elle affecte chaque décision, à chacun de vos pas. La piété fait de vous une personne qui réussit, parce que Dieu est tout-puissant.

> Car l'exercice corporel est utile à peu de chose, tandis que LA PIÉTÉ EST UTILE À TOUT, ayant la promesse de la vie présente et de celle qui est à venir.
>
> 1 Timothée 4:8

4. **La piété est un trait de caractère qui vous permet d'être différent de l'homme.** Lorsque vous êtes pieux, vos émotions sont différentes des émotions de l'homme. Même les émotions les plus fondamentales sont affectées et transformées en une version pieuse des émotions humaines. Vous ressentirez une jalousie pieuse (2 Corinthiens 11:2), une tristesse pieuse (2 Corinthiens 7:10) et une peur pieuse (Hébreux 12:28). Vous serez différent de l'homme qui souffre de faiblesses telles que le mensonge et l'infidélité (Nombres 23:19).

TRAIT DE CARACTÈRE POSITIF : L'AMOUR FRATERNEL

Définition de l'amour fraternel : *l'amour fraternel est l'amour que l'on ressent pour un frère.* C'est l'affection forte pour quelqu'un qui provient de la parenté et des relations personnelles. L'amour fraternel est le souci des autres. Si quelque chose affecte votre frère, cela vous affecte également. Cela est l'amour fraternel.

Trois choses à savoir à propos de l'amour fraternel

1. **Le trait de caractère de l'amour fraternel fait passer humblement les autres avant vous.** Ceci est l'humilité et l'humilité passe devant l'honneur.

   PAR AMOUR FRATERNEL, soyez pleins d'affection les uns pour les autres ; PAR HONNEUR, USEZ DE PRÉVENANCES réciproques.

   Romains 12:10

2. **Le trait de caractère de l'amour fraternel est nécessaire pour éviter les conflits entre proches.**

   Abraham dit à Lot : QU'IL N'Y AIT POINT, je te prie, DE DISPUTE entre moi et toi, ni entre mes bergers et tes bergers ; CAR NOUS SOMMES FRÈRES.

   Genèse 13:8

3. **Le trait de caractère de l'amour fraternel vous pousse à vous sacrifier pour les autres.** L'amour fraternel vous pousse à faire preuve d'amour envers vos frères. Les gens qui ont l'esprit du sacrifice et se sacrifient pour les autres sont souvent productifs.

   Nous avons connu l'amour, en ce qu'il a donné sa vie pour nous ; nous aussi, nous devons DONNER NOTRE VIE POUR LES FRÈRES.

   1 Jean 3:16

La souris, la poule, le cochon et la vache

Dans cette histoire, le poulet, le cochon et la vache n'ont pas éprouvé d'amour fraternel pour les autres animaux de la ferme et ils ont dû payer pour cela un prix élevé.

Un jour, la souris de la ferme regarda par une fente dans le mur et vit le fermier et sa femme ouvrir un colis. « Quelle nourriture pouvait-il contenir ? » se demanda la souris. Elle fut horrifiée lorsqu'elle découvrit qu'il s'agissait d'une souricière. Elle se faufila dans la cour de la ferme pour avertir les autres animaux.

Elle se précipita vers la poule et lui dit : « Il y a une souricière dans la ferme ! Il y a une souricière dans la ferme ! ».

La poule, gloussant et grattant le sol, leva la tête et dit : « Madame la souris, pourquoi faire un tel raffut ? Vous parlez trop et vous dérangez nos enfants. Nous avons du travail. Sincèrement, je ne n'ai rien à faire de votre souricière. Une souricière, ce n'est pas une raison d'incommoder le voisinage. »

La souris alla voir le cochon et lui dit : « Il y a une souri-cière dans la ferme ! Il y a une souricière dans la ferme ! » Le cochon comprit le problème, mais il dit : « Je suis vraiment désolé, madame la souris, mais on ne peut rien y faire. Si vous mangiez plus et que vous grossissiez, vous ne seriez pas inquiète à cause de la souricière. Quoi qu'il en soit, soyez assuré que je prie pour vous. »

Puis la souris, se rendit chez la vache et lui dit : « Il y a une souricière dans la ferme ! Il y a une souricière dans la ferme ! ». La vache lui répondit : « Madame la souris, ressaisissez-vous ! Je peux vous donner un conseil. Lorsque vous vous promènerez, il vous suffira de bien faire attention et tout ira bien. Une souricière n'est pas une chose dangereuse ! ».

Alors, la souris rentra chez elle, tête baissée, découragée, pour affronter la souricière du fermier toute seule. Aucun des autres animaux n'avait compris son dilemme. Aucun d'entre eux ne s'en souciait vraiment.

Cette même nuit on entendit un bruit dans toute la maison, semblable au bruit d'une souricière qui se referme sur sa victime. La femme du fermier se précipita pour voir ce qui avait été capturé. Dans l'obscurité, elle ne vit pas que c'était un serpent venimeux dont la queue était prise dans le piège. Le serpent s'élança et mordit la femme du fermier. Ce dernier la transporta à l'hôpital où elle fut soignée pour cette morsure. Après trois jours passés à l'hôpital, la femme du fermier rentra à la ferme, mais avec une fièvre persistante. Tout le monde savait que pour traiter la fièvre il fallait donner à la malade de la soupe de poule. Le fermier décida de donner à sa femme la soupe de poule dont elle avait besoin. Il attrapa la poule, la tua et en fit une soupe fraîche.

Mais la maladie continua, alors des amis et des voisins vinrent la veiller nuit et jour. Pour les nourrir, le fermier décida de leur servir des côtelettes de porc, du ragoût de porc, des côtes, du bacon et des saucisses. Le cochon fut rapidement amené, tué et transformé en ces délices. En dépit du traitement et de soins spéciaux qu'elle reçut, l'épouse du fermier ne se remit pas et finit par mourir.

Alors, de nombreuses personnes vinrent pour son enterrement. Le fermier ne s'attendait pas à ce qu'il y ait tant de monde et dut nourrir des centaines de personnes. Sa famille lui demanda de servir du ragoût de bœuf, des steaks, des brochettes et quelques boulettes de viande hachée. Ils lui dirent : « Tu pourras acheter une autre vache après l'enterrement ».

Sous la pression de sa famille, il décida d'abattre sa vache pour nourrir les personnes présentes.

La souris observait tout ceci depuis la fissure dans le mur avec une grande tristesse. En effet, la poule, le porc et la vache n'avaient jamais pensé que l'arrivée de la souricière à la ferme pourrait un jour les concerner.

Lorsque vous éprouvez un amour fraternel, vous reconnaissez rapidement que le problème de votre frère est en fait votre problème. Il faut de la sagesse et de la maturité pour se rendre compte que le problème de quelqu'un d'autre finira par vous concerner.

TRAIT DE CARACTÈRE POSITIF : LA CHARITÉ

Définition de la charité : *la charité est le souci altruiste, loyal et bienveillant du bien d'autrui.* C'est l'amour désintéressé d'une personne pour une autre. La plupart des gens aiment les autres quand ils ont une bonne raison de le faire. Mais Dieu nous aime d'un amour désintéressé (la charité), même s'il n'y a aucune bonne raison de le faire. D'une certaine manière, les gens qui ont la charité prospèrent et reçoivent encore plus de bénédictions de la part du Seigneur. Si vous ne faites du bien que parce que vous pensez à une récompense, vous n'avez pas la charité.

Trois choses à savoir à propos de la charité

1. **La charité est le trait de caractère qui mène à l'unité. Avec l'unité, presque tout est possible.** Vos visions et vos rêves peuvent être réalisés lorsque vous avez l'amour de Dieu. Grâce à l'amour, vous serez unis et vous pourrez réaliser de grandes choses.

   Mais par-dessus toutes ces choses revêtez-vous de LA CHARITÉ, QUI EST LE LIEN de la perfection.

   Colossiens 3:14

2. **La charité est le trait de caractère qui vous permet de ne jamais échouer.** Votre ministère n'échouera jamais, votre église n'échouera jamais, votre mariage n'échouera jamais si vous avez l'amour de Dieu. L'amour ne périt jamais ! C'est le meilleur trait de caractère que vous puissiez désirer. C'est ce qui vous garantit de ne jamais échouer.

   La charité ne périt jamais.

   1 Corinthiens 13:8

3. **La charité est le trait de caractère qui est une bonne fondation pour tout ce que vous faites.** Il est important d'être enraciné et fondé dans l'amour. Il est important d'avoir vos bases dans l'amour. Que ce soit pour vous marier ou pour

servir Dieu, le fondement de l'amour est la meilleure base que vous pouvez avoir. Pour ce que vous faites, il vaut mieux être enraciné dans l'amour que dans la haine, la jalousie ou la cupidité.

En sorte que Christ habite dans vos cœurs par la foi ; afin qu'étant ENRACINES ET FONDES DANS L'AMOUR, vous puissiez comprendre avec tous les saints quelle est la largeur, la longueur, la profondeur et la hauteur, et connaître l'amour de Christ, qui surpasse toute connaissance, en sorte que vous soyez remplis jusqu'à toute la plénitude de Dieu.

Éphésiens 3:17-19

Le trésor du vieil homme

Un homme avait quatre fils. Ceux-ci prenaient un grand soin de lui. Ils lui rendaient souvent visite et passaient du temps avec lui. En vieillissant, celui-ci devint de moins en moins riche. L'épouse de l'homme finit par mourir. Le veuf rechercha la compagnie de ses fils, mais ne réussit pas à l'obtenir.

Ses fils poursuivaient d'autres rêves et essayaient de réussir leur vie. Ils virent aussi que leur père n'était plus riche, alors ils perdirent tout intérêt pour lui. Le vieil homme commença à se sentir si seul qu'il chercha un moyen de s'assurer la compagnie de ses fils.

Un jour, après mûre réflexion, il alla voir son ami le charpentier et lui demanda de lui confectionner une belle boîte à trésor. Il plaça également des serrures en or sur la boîte pour en garder le contenu. Le vieil homme remplit alors la boîte avec des tessons de bouteilles. Il rangea la boîte sous la table à manger. Il comptait tromper ses fils en leur faisant croire que le bruit des tessons de bouteilles était le bruit d'un grand trésor qu'ils hériteraient de lui.

Puis il invita ses fils à un dîner spécial. Pendant le dîner, un de ses fils heurta par hasard la boîte. Le bruit attira l'attention de tout le monde et ils interrogèrent leur père au sujet de la boîte. Il leur donna volontiers des informations sur son trésor dont ils hériteraient à sa mort. Avec ce trésor dont ils devaient hériter de leur père malade, les fils dédaigneux furent trans-formés en fils attentionnés. Ils se relayèrent pour passer du temps avec leur père et s'occupèrent de tout ce dont il avait besoin.

Finalement, le vieil homme mourut et les fils organisèrent un service funèbre en grande pompe pour l'honorer. Ils invitèrent toutes leurs connaissances et dépensèrent beaucoup d'argent pour honorer la mémoire du défunt. Ils avaient de grands espoirs quant au trésor qu'ils recevraient après l'enterrement.

Enfin, ils se réunirent pour ouvrir la boîte contenant le trésor avec ses serrures en or. Ils furent sur le point de s'évanouir quand ils découvrirent qu'ils avaient hérité d'une boîte remplie de tessons de bouteilles de toutes formes, couleurs et tailles.

Ils se regardèrent avec incrédulité. Ils avaient été trompés. Après un long silence assourdissant le frère aîné prit la parole. D'une voix tremblante, il dit : « Nous méritons ces tessons de bouteilles. Nous étions uniquement disposés à aimer notre père lorsque nous avons su que nous obtiendrions quelque chose de lui. »

Dix attitudes positives de « Celui qui a »

1. « Celui qui a » a de grandes visions.
2. « Celui qui a » se concentre sur les possibilités.
3. « Celui qui a » est entouré de gens dévoués.
4. « Celui qui a » s'associe avec des personnes positives et qui réussissent.
5. « Celui qui a » est un excellent disciple.
6. « Celui qui a » prend des initiatives malgré sa peur.
7. « Celui qui a » apprend et évolue sans cesse.
8. « Celui qui a » admire les personnes pieuses.
9. « Celui qui a » utilise sagement ses ressources.
10. « Celui qui a » admire les personnes riches et qui réussissent.

Dix attitudes négatives de « Celui qui n'a pas »

1. « Celui qui n'a pas » pense à des choses petites.
2. « Celui qui n'a pas » se concentre sur les obstacles.
3. « Celui qui n'a pas » est jaloux des personnes riches et qui réussissent.
4. « Celui qui n'a pas » est entouré de personnes négatives et qui ne sont pas dévouées.
5. « Celui qui n'a pas » s'associe avec des personnes négatives ou des personnes qui ne réussissent pas.
6. « Celui qui n'a pas » est jaloux des personnes pieuses.
7. « Celui qui n'a pas » est freiné par ses peurs.
8. « Celui qui n'a pas » pense qu'il sait déjà.
9. « Celui qui n'a pas » choisira le travail qui demande le moins d'effort.
10. « Celui qui n'a pas » manque beaucoup d'opportunités.

Chapitre 3

« Celui qui n'a pas » a des traits de caractère négatifs qui lui font perdre le peu qu'il a

Car SI CES CHOSES SONT EN VOUS ET Y SONT AVEC ABONDANCE, elles ne VOUS LAISSERONT POINT OISIFS NI STÉRILES pour la connaissance de notre Seigneur Jésus Christ.

2 Pierre 1:8

Le passage ci-dessus nous montre que si vous avez certaines « choses » en vous, vous ne serez pas improductif. Les « choses » qui vous rendent productif sont *des traits positifs* comme la diligence, la foi, la vertu, la tempérance, etc. De la même manière, *les traits négatifs* qui vont à l'encontre des traits positifs ont pour effet de vous rendre improductif et stérile. Les traits négatifs se trouvent couramment dans la vie des pauvres et des personnes qui échouent. Observez attentivement la vie de « celui qui n'a pas » et vous remarquerez de nombreux traits négatifs. Examinons maintenant certains traits négatifs et voyons comment ils créent et perpétuent la pauvreté.

TRAIT DE CARACTÈRE NÉGATIF : LE MENSONGE ET LA TROMPERIE

Définition du mensonge et de la tromperie : la tromperie est l'art d'induire les gens en erreur par de fausses paroles ou de fausses apparences. Le monde vit et prospère grâce à la tromperie. Les apparences sont souvent trompeuses et pour la plupart des gens, le mensonge est comme une seconde nature. Les chrétiens luttent pendant des années pour vaincre leur tendance à mentir et à tromper. Le mensonge et la tromperie sont des traits négatifs qui nuisent à la prospérité. Mais comment précisément le mensonge et la tromperie font de vous « celui qui n'a pas » ?

Les choses à savoir à propos du mensonge et de la tromperie

1. **Le mensonge et la tromperie sont des traits de caractère négatifs qui entraînent des malédictions.** Une personne maudite est une personne frustrée. Rien ne lui réussit et elle ne cesse de se lamenter sur ses malheurs. Maudit soit celui qui trompe, dit la parole de Dieu. Celui qui trompe sera frustré. Celui qui trompe ne réussira pas. Celui qui trompe ne sera pas heureux. Celui qui trompe sera déçu.

   MAUDIT SOIT LE TROMPEUR qui a dans son troupeau un mâle et qui voue et sacrifie au Seigneur une bête chétive ! Car je suis un grand roi, dit l'Éternel des armées, et mon nom est redoutable parmi les nations.

   Malachie 1:14

2. **Le mensonge et la tromperie cachent la haine.** Lorsque quelqu'un vous ment, cette personne vous hait. La Bible est claire à ce propos, dans ce passage : « La langue fausse hait ceux qu'elle écrase ». (Proverbes 26:28). La Bible nous enseigne également que la tromperie cache la haine qu'une personne porte à votre égard. S'il cache sa haine sous la dissimulation, sa méchanceté se révélera dans l'assemblée. (Proverbes 26:26).

   Une personne pleine de tromperie et de haine ne bâtira rien de bon. C'est une personne méchante qui se détruira elle-même. La Bible annonce que les méchants se détruiront eux-mêmes. « Mais les méchants seront retranchés du pays, les infidèles en seront arrachés » (Proverbes 2:22). « Les hommes de sang et de fraude n'atteindront pas la moitié de leurs jours ». (Psaumes 55:23).

L'astrologue

Louis XI, le grand roi de France, surnommé « l'universelle araigne », avait une faiblesse pour l'astrologie. Il conserva auprès de lui un astrologue qu'il admirait, jusqu'au jour où celui-ci lui prédit qu'une dame de la cour allait mourir dans les huit jours. Quand la prophétie se réalisa, Louis fut terrifié, pensant que soit l'homme avait assassiné la femme pour prouver l'exactitude de sa prophétie, soit qu'il était si versé dans sa science que ses pouvoirs menaçaient Louis lui-même. Dans l'un ou l'autre cas, il devait être tué.

Un soir, Louis convoqua l'astrologue dans sa chambre, dans les étages supérieurs du château. Avant que l'homme n'arrive, le roi dit à ses serviteurs qu'à son signal, ils devraient se saisir de l'astrologue, le porter jusqu'à la fenêtre et le précipiter au sol, des dizaines de mètres plus bas.

L'astrologue arriva bientôt, mais avant de donner le signal, Louis décida de lui poser une dernière question : « Vous prétendez comprendre l'astrologie et connaître le sort des autres. Pouvez-vous donc me dire quel sera votre sort et combien de temps vous allez vivre ? ».

« Je mourrai trois jours avant Votre Majesté » répondit l'astrologue.

Le roi ne donna jamais le signal. La vie de l'homme fut épargnée. Louis XI protégea non seulement son astrologue de son vivant, mais il le combla de cadeaux et le fit suivre par les meilleurs médecins.

Finalement, l'astrologue vécut de nombreuses années après la mort du roi.

Comme vous pouvez le voir dans cette histoire, le roi et ses sujets se mentaient et se trompaient mutuellement. L'astrologue et le roi se détestaient l'un l'autre et ils pros-pérèrent grâce à la tromperie. C'était un jeu dangereux qui consistait à deviner combien chacun pourrait tromper l'autre. Quand vous devenez chrétien, vous devez laisser derrière vous une vie de mensonges et de tromperies. En fin de compte, le mensonge et la tromperie ont un effet négatif et vous, le menteur, êtes puni pour vos mensonges et vos tromperies.

3. **Le mensonge et la tromperie sont des traits de caractère négatifs qui provoquent la division et la discorde entre frères.** « L'homme pervers excite des querelles, et le rapporteur divise les amis. » (Proverbes 16:28). De tels traits de caractère ne mèneront jamais à la prospérité. La tromperie vous fera tout perdre, tout diviser, tout fragmenter, tout rompre. Les leaders qui mentent à différents groupes de leurs fidèles pour leur plaire finissent par tout perdre.

4. **Le mensonge et la tromperie sont des traits de caractère négatifs des personnes qui imaginent le mal.** « La tromperie est dans le cœur de ceux qui méditent le mal » (Proverbes 12:20). Une personne qui imagine continuellement le mal ne prospèrera pas. Le mal que cette personne imagine causera sa propre chute. Notez ce que dit la Bible : « Ils ont projeté du mal contre toi, ils ont conçu de mauvais desseins, mais ils seront impuissants… » (Psaumes 21:11).

Le marchand de fer

Un homme d'affaires eut un jour un grand désir de faire un long voyage. Il décida de laisser une partie de ses biens à un ami, afin que si son voyage ne réussissait pas, il ait quelque chose à son retour. Il confia un grand nombre de barres de fer, qui constituait la partie principale de sa fortune, à l'un de ses amis. Il lui demanda de surveiller ses barres de fer et partit pour son voyage d'affaires.

Quelques temps après, ayant eu peu de succès au cours de son voyage, il rentra chez lui. La première chose qu'il fit fut d'aller chez son ami pour lui demander son fer. Mais son ami, qui devait plusieurs sommes d'argent, avait vendu le fer pour payer ses dettes. Il dit : « En vérité, mon ami, j'avais mis ton fer dans une pièce verrouillée et sécurisée, imaginant qu'il serait autant à l'abri que dans une banque. Mais un jour, une chose terrible est arrivée : un rat, contre toute attente, est entré dans la pièce et a mangé toutes les barres de fer. »

« Oh ! », dit l'homme d'affaires, faisant semblant de croire cette histoire. « C'est un bien terrible malheur. J'ai toujours su que les rats aimaient manger les barres de fer, et ils m'ont causé énormément de problèmes dans le passé. »

Il poursuivit : « À cause de mon expérience passée avec les rats, je comprends tout à fait ce qui est arrivé et comment le rat mangea toutes mes barres de fer ».

En entendant cette réponse, il fut très content d'avoir convaincu si facilement l'homme d'affaires par son histoire de rat mangeant le fer. Il décida alors de l'inviter à dîner le lendemain pour le consoler de la perte de son fer. L'homme d'affaires promit de venir.

Cependant, sur le chemin du retour ce jour-là, il rencontra l'un des enfants de son ami. Il le conduisit chez lui et l'enferma dans une pièce.

Le lendemain, il se rendit chez son ami pour le dîner. La maison était en désordre et tout le monde semblait paniquer. Il demanda : « Que se passe-t-il ? Qu'y a-t-il ? »

« Oh, mon cher ami » répondit l'autre, « Je te prie de m'excuser si tu ne me vois pas aussi joyeux que d'habitude. J'ai perdu un de mes enfants. Je l'ai cherché dans toute la ville, mais je ne l'ai pas trouvé ».

« Oh ! » répondit l'homme d'affaires, « je suis très triste d'apprendre cette tragédie. En effet, hier soir, alors que je partais de chez vous, je vis une petite poule s'envoler en tenant un enfant dans ses serres. Je ne sais pas si c'était votre enfant ».

« Quoi ! S'écria l'ami, n'as-tu pas honte de raconter un tel mensonge ? Comment peux-tu avoir vu une poule, qui est incapable voler et qui pèse un kilo, transporter un garçon qui pèse quarante kilos ? »

« Pourquoi s'étonner », répondit l'homme d'affaires. « Nous vivons dans un pays où un rat peut manger cent tonnes de barres de fer. Est-ce une chose si merveilleuse qu'une poule puisse voler dans un tel pays ? Dans ce pays-là, est-ce une telle merveille qu'une petite poule soulève un poids de quarante kilos ? »

En entendant ceci, l'ami se rendit compte que l'homme d'affaires n'était pas aussi sot qu'il l'avait pensé. Il pria l'homme d'affaires de le pardonner de l'avoir trompé et le remboursa de la valeur de son fer afin qu'il lui rende son fils.

Comme vous pouvez le voir dans cette histoire, nombreux sont ceux qui croissent grâce au mensonge et à la tromperie, chacun essayant de déjouer l'autre. Le mensonge et la tromperie ne vous feront pas progresser. Ce sont des traits de caractère négatifs qui ne mènent pas à la prospérité.

5. **Le mensonge et la tromperie sont des traits de caractère négatifs qui rendent toutes vos réussites éphémères.** « La lèvre véridique est affermie pour toujours, mais la langue fausse ne subsiste qu'un instant. » (Proverbes 12:19). Parce que la tromperie est une fausse fondation, ce qui se bâtit dessus est éphémère et s'effondre souvent après un certain temps. Un mariage basé sur la tromperie s'écroulera après une courte période. Un ministère bâti sur la tromperie s'écroulera après une courte période. C'est pourquoi la tromperie est un tel trait de caractère négatif et destructeur.

6. **Le mensonge et la tromperie sont des traits de caractère négatifs qui mènent à la punition et à la destruction.** « Le faux témoin ne restera pas impuni et celui qui dit des mensonges périra. » (Proverbes 19:9). Vous endurerez la punition et la mort pour vos mensonges et vos tromperies. Vous deviendrez « celui qui n'a pas » en raison de vos mensonges.

TRAIT DE CARACTÈRE NÉGATIF : LA CUPIDITÉ

Définition de la cupidité : *la cupidité est le désir excessif d'acquérir ou de posséder plus que ce dont on a besoin ou que ce qu'on mérite.* Être cupide, c'est être envieux.

Quatre choses à savoir à propos de la cupidité

1. **La cupidité est un trait de caractère négatif qui engendrera la violence dans votre vie.** « ILS CONVOITENT DES CHAMPS ET ILS S'EN EMPARENT, des maisons et ils les enlèvent ; ils portent leur violence sur l'homme et sur sa maison, sur l'homme et sur son héritage. » (Michée 2:2)

   Les personnes cupides sont si pleines de désir qu'elles sont prêtes à tuer et à voler pour acquérir l'objet qu'elles convoitent. J'ai rencontré des chrétiens qui étaient tellement avides d'argent qu'ils semblaient être prêts à tuer pour en avoir plus.

2. **La cupidité est un trait de caractère négatif qui raccourcit votre vie.** La cupidité vous placera dans des situations difficiles qui peuvent raccourcir votre vie. La plupart des films dépeignent des gens cupides qui s'efforcent d'obtenir plus d'argent pour eux-mêmes. Un prince sans intelligence multiplie les actes d'oppression, mais CELUI QUI EST ENNEMI DE LA CUPIDITÉ PROLONGE SES JOURS.

   Proverbes 28:16

3. **La cupidité est un trait de caractère négatif qui mène à l'insatisfaction.**

   Et CE SONT des chiens VORACES, INSATIABLES. Ce sont des bergers qui ne savent rien comprendre ; tous suivent leur propre voie, Chacun selon son intérêt, jusqu'au dernier :

   Venez, je vais chercher du vin, et nous boirons des liqueurs fortes ! Nous en ferons autant demain et beaucoup plus encore !

   Ésaïe 56:11-12

4. **La cupidité est un trait de caractère négatif qui peut causer votre mort.** La cupidité peut causer votre mort. Plus ! Plus ! Plus ! La poursuite effrénée de l'accumulation de biens matériels cause la chute de bien des personnes cupides. Voyez

comment la Bible prévient que la cupidité peut coûter la vie de celui qui s'y livre. Dans l'histoire ci-dessous, le vieil homme cupide a perdu la vie parce qu'il désirait toujours plus, même si sa vie était en danger.

Ainsi arrive-t-il à tout homme AVIDE DE GAIN ; LA CUPIDITÉ CAUSE LA PERTE DE CEUX QUI S'Y LIVRENT.

Proverbes 1:19

Le vieil homme cupide

Il était une fois un vieux bûcheron qui allait dans la montagne presque chaque jour pour y couper du bois. On racontait que ce vieil homme était un avare qui conservait son argent jusqu'à ce qu'il le change en or et qu'il s'occupait plus d'or que toute autre chose ici bas.

Un jour, un tigre sauvage bondit sur lui et bien qu'il courût, il ne put lui échapper. Le tigre le transporta dans sa gueule. Le fils du bûcheron vit son père en danger et courut pour le sauver. Il portait un long couteau et comme il courait plus vite que le tigre qui transportait cet homme, il le rattrapa bientôt.

Le vieil homme n'était pas blessé, car le tigre le maintenait par ses vêtements. Quand il vit son fils sur le point de poignarder le tigre, il cria, très agité : « N'abime pas la peau du tigre ! N'abime pas la peau du tigre ! Si tu arrives à le tuer sans faire de trous dans sa peau, nous pourrons en obtenir un bon prix. Tue-le, mais sans découper son corps »

Alors que le fils écoutait les instructions de son père, le tigre s'enfuit soudainement dans la forêt, transportant le vieil homme dans un lieu inaccessible au fils et le tua prestement. Qu'il est triste pour le vieil homme cupide d'avoir payé de sa vie le désir d'acquérir plus d'argent. Il aurait dû penser à sa vie et ne pas désirer davantage. Voilà comment la cupidité coûte la vie à ceux qui s'y livrent.

TRAIT DE CARACTÈRE NÉGATIF : LA MÉDISANCE

Définition de la médisance : la médisance désigne toutes formes de discours immoraux. Ceux-ci comprennent les critiques, les murmures, la flatterie, la calomnie, les mensonges et la diffamation

Que toute amertume, toute animosité, toute colère, toute clameur, toute calomnie, et TOUTE ESPÈCE DE MÉCHANCETÉ, disparaissent du milieu de vous. (Éphésiens 4:31).

Trois choses à savoir à propos de la médisance

1. **La médisance est un trait de caractère négatif très commun qui influe sur l'issue de votre vie.**

   Si quelqu'un, en effet, VEUT AIMER LA VIE et voir des jours heureux, QU'IL PRÉSERVE SA LANGUE DU MAL et ses lèvres des paroles trompeuses

   1 Pierre 3:10

   Les gens ne se rendent pas compte à quel point leur vie est détruite par les choses négatives qu'ils disent. Tout au long de la Bible, vous verrez Dieu réagissant à ce que les gens disent. Quand Myriam critiqua Moïse, la Bible dit : « Et l'Éternel l'entendit... » (Nombres 12:3). Il semble que Dieu écoute nos conversations.

   Également, lorsque Jésus s'occupait de la femme syro-phénicienne, Il répondit à ses propres paroles. Elle lui dit qu'il lui était égal qu'Il la considère comme un chien. Même les chiens obtiennent les miettes qui tombent de la table ! Jésus lui dit : « À cause de cette parole, va, le démon est sorti de ta fille. » Elle fut guérie grâce à ce qu'elle avait dit (Marc 7:29).

   Même les choses que nous nous disons en nous-mêmes sont notées par le Seigneur. La femme qui a un problème de sang et qui a obtenu sa guérison *se dit elle-même* : « Si je puis seulement toucher ses vêtements, je serai guérie » (Marc 5:28). Jésus affirma que c'est sa foi qui lui avait permis de guérir. La foi est ce que vous croyez au fond de votre cœur et que vous avouez avec votre bouche.

2. **La médisance est un trait de caractère négatif qui peut raccourcir votre vie.** Toutes les formes de médisance peuvent causer votre mort. Les mensonges vous tueront. Les murmures vous tueront. Les murmures ont tué tous les Juifs dans le désert. La flatterie sera révélée comme étant une hypocrisie et le flatteur sera éliminé.

La mort et la vie sont au pouvoir de la langue ; quiconque l'aime en mangera les fruits.

Proverbes 18:21

Le loup qui mentait

Un très vieux lion se trouvait malade dans sa grotte. Tous les animaux vinrent rendre hommage à leur roi, sauf le renard. Le loup, entrevoyant une opportunité, accusa le renard devant le lion et dit : « Le renard n'a aucun respect, ni pour vous ni pour votre loi. C'est pourquoi il n'est pas encore venu vous rendre visite ».

Pendant que le loup disait cela, le renard arriva et entendit ses paroles. Alors, le lion rugit de colère contre lui mais le renard réussit à dire pour se défendre : « Et qui, de tous ceux qui se sont réunis ici a rendu à Votre Majesté autant de service que moi ? Car je suis allé loin pour demander aux médecins un remède pour votre maladie, et j'ai trouvé un. »

Le lion demanda immédiatement quel était le remède qu'il avait trouvé, et le renard dit : « Il vous faut écorcher un loup vivant, puis vous devez prendre sa peau et vous en envelopper, alors qu'elle est encore chaude ». Le lion ordonna que le loup soit immédiatement écorché vif.

Alors qu'on l'emmenait, le renard se tourna vers lui en souriant et lui dit : « Vous auriez dû parler de moi en bien à Sa Majesté plutôt que de médire ». Et le loup paya en effet de sa vie le fait d'avoir médit du renard.

3. **La médisance est un produit des mauvaises pensées. De l'abondance du cœur la bouche parle.** Si vous persistez à avoir de mauvaises pensées, bientôt elles s'exprimeront dans vos paroles. N'y a-t-il rien de bon ? Y a-t-il quelque chose de louable ? N'y a-t-il rien de beau ? N'y a-t-il rien d'adorable ? Ayez de telles pensées. Ce que vous pensez finira par s'exprimer dans vos paroles.

...Car c'est de l'abondance du cœur que la bouche parle.

Matthieu 12:34

La vieille dame qui priait

Un homme travaillait dans un bureau de poste. Son travail consistait à s'occuper de tout le courrier qui comportait une adresse illisible. Un jour, une lettre arriva à son bureau, adressée à Dieu d'une main tremblante. Il pensa : « Je ferais mieux d'ouvrir cette lettre pour voir de quoi il s'agit ». Il l'ouvrit et lut : « Cher Dieu, je suis une veuve âgée de 83 ans, vivant grâce à une toute petite retraite. Hier, quelqu'un a volé mon sac à main. Il contenait cent dollars. C'était tout l'argent dont je dispose jusqu'au paiement de ma prochaine retraite. »

« Dimanche prochain, c'est la fête des mères, et j'avais invité mes deux derniers amis à dîner. Sans cet argent, je ne pourrai pas acheter de nourriture. Je n'ai pas de famille à qui je puisse m'adresser et vous êtes mon seul espoir. Pouvez-vous m'aider, s'il vous plaît ? »

L'employé de la poste fut ému et alla montrer la lettre à tous ses collègues. Chacun fouilla dans son porte-monnaie et en sortit quelques dollars. À la fin de sa quête, il avait recueilli 96 dollars, qu'il mit dans une enveloppe et lui envoya.

Le reste de la journée, tous les employés furent illuminés d'une douce lueur, pensant à la belle action qu'ils avaient accomplie. La fête des mères passa et quelques jours plus tard arriva une autre lettre de la vieille dame adressée à Dieu.

Tous les employés se regroupèrent autour de l'employé tandis qu'il ouvrait la lettre. Il lut : « Cher Dieu, je ne pourrai jamais vous remercier assez pour ce que vous avez fait pour moi. Grâce à votre générosité, j'ai pu préparer un charmant dîner pour mes amis. Nous avons passé une très belle journée, et je leur ai parlé du merveilleux cadeau que vous m'avez fait. Au fait, il manquait quatre dollars. C'est sans aucun doute ces sales voleurs du bureau de poste qui les ont pris ! »

Quel choc ! Quel choc prolongé ! Quelle réplique sismique pour les employés de la poste ! Cette vieille dame médisait sur les gens du bureau de poste. Son instinct était de les considérer comme des voleurs et des tricheurs, plutôt que des personnes généreuses prêtes à aider une vieille dame. Qu'elle avait tort de médire !

TRAIT DE CARACTÈRE NÉGATIF : L'OISIVETÉ

Définition de l'oisiveté : *l'oisiveté est l'état dans lequel on ne travaille pas, on n'est pas actif, on n'est pas employé et on ne fait rien.* En général, les personnes oisives ne font rien et évitent de travailler.

Trois choses à savoir sur l'oisiveté

1. **L'oisiveté est le trait de caractère négatif qui est responsable de la majeure partie de la pauvreté dans le monde.**

   La paresse fait tomber dans l'assoupissement, et L'ÂME NONCHALANTE ÉPROUVE LA FAIM

   Proverbes 19:15

2. **L'oisiveté est le trait de caractère négatif qui est responsable de la décadence et de la détérioration de tout.**

   Quand les mains sont paresseuses, la charpente s'affaisse; et quand les mains SONT LÂCHES, LA MAISON A DES GOUTTIÈRES

   Ecclésiastes 10:18

3. L'oisiveté est le trait de caractère négatif que Dieu considère comme un péché.

Voici QUEL A ÉTÉ LE CRIME de Sodome, ta sœur. Elle avait de l'orgueil, elle vivait dans L'ABONDANCE ET DANS UNE INSOUCIANTE SÉCURITÉ, elle et ses filles, et elle ne soutenait pas la main du malheureux et de l'indigent.

Ézéchiel 16:49

Le corbeau et le lapin

M. Lapin marchait sur la route quand il repéra un corbeau au sommet d'un très grand arbre. Il cria : « Bonjour, monsieur Corbeau ».

Le corbeau lui répondit : « Bonjour, monsieur Lapin ». Monsieur Lapin cria : « Que faites-vous aujourd'hui ? » et le corbeau répondit : « Absolument rien, monsieur Lapin, absolument rien, et j'adore ça ».

Eh bien, cela semblait assez bien à monsieur Lapin, alors il lui répondit : « Pensez-vous que je puisse faire la même chose ? ». Monsieur Corbeau lui dit : « Je ne vois ce qui vous en empêche ». Alors, monsieur Lapin se mit au bord de la route et commença à ne faire « absolument rien ».

Moins de 30 minutes plus tard, monsieur Renard vint et mangea monsieur Lapin au déjeuner. Monsieur Lapin fut choqué d'être mangé par monsieur Renard. Mais ce fut une bonne leçon pour monsieur Lapin. Il est impossible de tirer profit de l'oisiveté. Vous ne pouvez vous permettre de ne rien faire que si vous êtes arrivé tout en haut. Le corbeau était au sommet de l'arbre, et c'est pourquoi il pouvait se permettre de ne faire « absolument rien ». Très peu de gens, sinon personne, se trouve tout en haut et peut se permettre de ne faire absolument rien.

TRAIT DE CARACTÈRE NÉGATIF : L'ÉGOÏSME

Définition de l'égoïsme : l'égoïsme est l'art de penser à soi-même. Jésus-Christ est venu pour nous apprendre à dépasser une vie d'égoïsme. Tout le monde ne pense qu'à soi-même et cela a conduit à un monde dur et très mauvais. Notre monde compte sept milliards de gens égoïstes et cupides qui s'affairent pour essayer d'acquérir quelque chose pour eux-mêmes. Il n'est pas étonnant que ce soit le chaos.

L'égoïsme est à l'origine de nombreux maux de notre monde. L'égoïsme est le contraire de l'amour divin.

Trois choses à savoir à propos de l'égoïsme

1. **L'égoïsme est le trait de caractère négatif qui est à l'origine de tous les maux du monde.** Jésus-Christ est venu sur terre pour lutter contre l'égoïsme.

   Si quelqu'un veut venir après moi, QU'IL RENONCE À LUI-MÊME, qu'il se charge de sa croix, et qu'il me suive.

   Matthieu 16:24

2. **L'égoïsme est le trait de caractère négatif qui est à l'origine du mensonge et de la fausseté dans le monde.**

   Ne mange pas le pain de celui dont le regard est malveillant, et ne convoite pas ses friandises ; car il est comme les pensées de son âme. Mange et bois, te dira-t-il; mais son cœur n'est point avec toi. Tu vomiras le morceau que tu as mangé et tu auras perdu tes propos agréables.

   Proverbes 23:6-8

3. **L'égoïsme est le trait de caractère négatif qui vous fait penser à vous-même plutôt qu'aux autres.** L'égoïsme est le contraire de l'amour divin. L'amour divin est dévoué aux autres. Quelle bénédiction de rencontrer des gens qui ne songent pas qu'à eux-mêmes, mais qui pensent aux autres !

   Par amour fraternel, soyez pleins d'affection les uns pour les autres; par honneur, USEZ DE PRÉVENANCES RÉCIPROQUES.

   Romains 12:10

Le patient altruiste

Deux hommes, tous deux gravement malades, occupaient la même chambre d'hôpital. L'un des deux était autorisé à s'asseoir dans son lit pendant une heure chaque après-midi afin de faire s'écouler le liquide de ses poumons. Son lit était à côté de la seule fenêtre de la chambre. L'autre homme devait passer tout son temps allongé sur le dos. Les hommes discutaient interminablement pendant des heures. Ils discutaient de leurs épouses et de leurs familles, de leurs maisons, de leurs emplois, de leur service militaire et de leurs destinations de vacances.

Et chaque après-midi, quand l'homme qui avait un lit près de la fenêtre pouvait s'asseoir, il décrivait à son compagnon de chambre tout ce qu'il pouvait voir à l'extérieur.

L'autre homme commença à ne vivre que pour ces périodes d'une heure où son monde s'agrandissait et s'animait grâce à l'activité et aux animations du monde extérieur.

La fenêtre donnait sur un parc qui comportait un beau lac. Des canards et des cygnes s'ébattaient dans l'eau, tandis que les enfants jouaient avec leurs maquettes de bateaux. De jeunes amoureux marchaient bras dessus bras dessous au milieu des fleurs de toutes les couleurs. De vieux arbres majestueux ponctuaient le paysage, et on pouvait voir au loin une belle perspective sur la ville.

Alors que l'homme situé près de la fenêtre décrivait tout cela en détail, l'autre homme fermait les yeux et imaginait la charmante scène. Un chaud après-midi, l'homme près de la fenêtre décrivit un défilé militaire qui passait à proximité. Bien que l'autre homme ne puisse pas entendre l'orchestre, il pouvait le voir en imagination pendant que l'homme près de la fenêtre le décrivait de manière évocatrice. Des jours et des semaines passèrent.

Un matin, l'infirmière arriva, apportant l'eau pour le bain et elle découvrir le corps sans vie de l'homme à côté de la fenêtre. Il était mort paisiblement dans son sommeil. Elle était attristée et appela les agents de l'hôpital pour qu'ils enlèvent le corps. Dès que cela fut décent, l'autre homme demanda s'il pouvait être déplacé à côté de la fenêtre. L'infirmière accepta de le faire changer de lit et après s'être assurée qu'il était confortablement installé, elle le laissa seul.

Lentement et avec peine, il se souleva sur un coude pour jeter son premier regard sur le monde extérieur. Enfin, il aurait la joie de le voir par lui-même. Il s'efforça de se tourner lentement pour regarder par la fenêtre à côté du lit. À sa grande stupéfaction, il se trouvait face à un mur vierge.

L'homme ne pouvait pas en croire ses yeux. Il demanda à l'infirmière ce qui avait pu pousser le défunt à décrire ces choses merveilleuses à l'extérieur. L'infirmière répondit que l'homme était aveugle et ne pouvait même pas voir le mur.

Elle dit : « Peut-être voulait-il simplement vous donner du courage. »

Le patient qui était mort ne pensait pas à lui-même, mais à son compagnon de chambre qui avait également besoin de réconfort.

TRAIT DE CARACTÈRE NÉGATIF : L'ENVIE

Définition de l'envie : *l'envie est le sentiment de mécontentement ou de convoitise vis-à-vis des avantages, des succès et des possessions d'autrui.*

Trois choses à savoir à propos de l'envie

1. **L'envie est un trait de caractère négatif qui vous détruit de l'intérieur.**

   Un cœur calme est la vie du corps, MAIS L'ENVIE EST LA CARIE DES OS.

   Proverbes 14:30

La Bible l'appelle la carie des os. Les gens envieux sont détruits de l'intérieur. Ils peuvent bien tout avoir mais se concentrent sur ce que les autres possèdent et sur ce que les autres font. Les gens envieux ne sont pas satisfaits. Ils semblent heureux à l'extérieur, mais leurs cœurs pensent à ce que d'autres possèdent et ce que d'autres font.

Le bonheur, pour une personne envieuse, dépend de ce que les autres ont ou n'ont pas. Elle peut vivre dans le plus beau des châteaux, mais si la personne qu'elle redoute est heureuse, habitant dans une hutte quelque part d'autre, alors elle n'est pas heureuse.

Une personne qui est rongée par l'envie n'est pas heureuse à cause de son âme malade. Une telle personne souffre et son âme est tourmentée. J'ai vu des gens envieux vivre leur vie comme s'ils étaient en croisade contre leur propre bonheur. Ils ne veulent pas être heureux ! Ils ne souhaitent que s'intéresser à l'existence d'un autre.

La princesse Diana a dit elle-même qu'elle passa toute sa lune de miel à penser à une autre femme. Elle dit qu'elle pensait que son mari appelait secrètement cette femme toutes les cinq minutes. Au lieu d'être heureuse et de savourer ces moments exceptionnels avec son prince, son cœur et son esprit étaient concentrés sur une autre femme. Elle ne pouvait penser qu'à une seule chose : cette autre personne dont l'existence la rendait malheureuse. En fait, c'est le lot de ceux qui ne peuvent jouir de leur propre vie sans penser à ce qu'une autre personne peut faire ou dire.

Acceptez votre destin et concentrez-vous sur ce que Dieu a fait pour vous. Votre envie cause votre propre destruction et la cruauté de votre envie vous consume.

2. L'envie est un trait de caractère négatif qui est aussi cruel que la tombe.

> ... LA JALOUSIE EST INFLEXIBLE COMME LE JOUR DES MORTS : ses ardeurs sont des ardeurs de feu, une flamme de l'Éternel.
>
> Cantique des cantiques 8:6

Quiconque a assisté à l'enterrement d'une jeune personne enlevée dans la fleur de sa jeunesse comprendra le sens de l'expression : « aussi cruelle que la tombe ». Assister aux funérailles de jeunes pères, de jeunes mères et de jeunes amis vous laisse avec un sentiment désespéré de douleur.

La simple vue du deuil des familles déchirées par la mort est déprimante : les êtres chers sont emportés loin de ceux qui dépendent d'eux. On ne peut résoudre le sentiment d'inutilité de leur vie et le désespoir de leur situation avec des paroles. Une grande désolation tombe sur ceux qui restent et une douleur corrosive et lancinante les consume. Que peut-il y avoir d'aussi cruel que la tombe ?

Mais la Bible dit que la jalousie est aussi cruelle que la tombe. La jalousie est en effet une très mauvaise chose.

3. **L'envie est un trait de caractère négatif dont les effets néfastes sont pires que la haine et la cruauté combinées.**

   La fureur est cruelle et la colère impétueuse, MAIS QUI RÉSISTERA DEVANT LA JALOUSIE ?

   Proverbes 27:4

Qu'y a-t-il de pire que la cruauté ? Rappelez-vous que le Christ a été crucifié à cause de l'envie (Marc 15:10). L'envie est pire que la cruauté, parce que c'est une force irréfléchie qui pousse un individu à éliminer un autre sans pitié, ni aucune bonne raison. L'envie est un monstre, et je prie pour que vous n'ayez pas à l'affronter.

L'homme cupide et l'homme jaloux

Un homme cupide et un homme jaloux rencontrèrent un grand roi qui était content du bon travail qu'ils avaient réalisé.

Le roi leur dit : « Je souhaite vous récompenser pour les efforts que vous accomplissez dans le Royaume. L'un de vous deux peut me demander ce qu'il veut, je le lui donnerai, à condition que je donne deux fois plus à l'autre ».

L'homme jaloux ne voulait pas demander le premier, car il était inquiet que son compagnon reçoive deux fois plus. L'homme cupide non plus ne voulait pas être le premier à demander, car il désirait posséder tout ce qu'il était possible d'avoir.

Une grande dispute s'ensuivit et le roi laissa les deux hommes discuter et décider qui demanderait le premier.

Finalement, l'homme cupide poussa l'homme jaloux à faire sa demande le premier. Il le menaça tant que l'homme jaloux craignit pour sa vie. L'homme cupide était heureux d'avoir enfin triomphé de l'homme jaloux et d'obtenir une récompense deux fois plus importante que ce dernier.

Les deux hommes se préparèrent à voir le roi et se présentèrent devant le trône pour faire leur demande.

L'homme jaloux parla comme convenu et dit : « Ô grand roi, nous sommes reconnaissants pour votre générosité et votre bonté à notre égard. Vous n'êtes pas obligé de faire plus que vous ne l'avez déjà fait. Ce sera notre récompense et elle nous suffira pour le reste de notre vie. »

Il poursuivit : « Ô grand roi, veuillez arracher un de mes yeux. C'est une chose que je ne peux faire moi-même et ce sera une récompense suffisante pour le reste de mes jours. » L'homme cupide ne pouvait pas en croire ses oreilles en entendant la récompense qu'avait choisie l'homme jaloux. Immédiatement, il sut que l'homme jaloux s'était joué de lui.

« Je vais perdre mes deux yeux », gémit-il. « Pourquoi ai-je été si cupide ? Pourquoi ai-je désiré deux fois plus ? Pourquoi ai-je mis ma vie entre les mains d'un homme jaloux et cruel ? »

En effet, il avait sous-estimé l'homme jaloux. Il n'avait jamais imaginé la cruauté dont il pouvait être capable.

Dans sa cruauté, l'homme jaloux désirait que les deux yeux de l'homme cupide soient arrachés pour le punir d'avoir désiré deux fois plus. L'homme jaloux était prêt à perdre un œil, afin que son ennemi devienne aveugle. Quel genre de méchanceté stupide et insensée était-ce ? En effet, vous devez craindre la cruauté des jaloux plus que la tombe ! La crucifixion de Jésus-Christ, le plus grand péché de l'homme, a été motivée par l'envie.

Car il savait que c'était par envie que les principaux sacrificateurs l'avaient livré.

Marc 15:10

Chapitre 4

La recherche dévoile les traits de caractère à l'origine de la pauvreté et de l'inégalité

La recherche dévoile les traits de caractère qui mènent à la pauvreté

(Source : Green, Maia (2006), Journal of Development Studies 42 (7): 1108–1129)

1. Aux États-Unis, l'opinion la plus répandue sur la pauvreté est qu'on devient pauvre à cause de certains traits de caractère personnels.

2. On pense que ces traits de caractère sont responsables de l'échec social. Les traits de caractère qui mènent à la pauvreté vont de problèmes personnels à certains traits comme la paresse et même le niveau d'éducation.

3. Aux États-Unis, on croit que l'incapacité à s'élever au-dessus de la pauvreté est toujours due à des erreurs personnelles.

4. Une autre croyance très répandue est que les pauvres sont pauvres à cause de leurs propres erreurs. Ainsi, l'état n'a pas à intervenir pour indemniser ou aider ces personnes.

5. Il est évident que les pauvres et la pauvreté sont en général perçus de manière négative.

6. La pauvreté est ainsi considérée comme un fléau qu'il faut attaquer et éliminer. Malheureusement, les sentiments négatifs ressentis à propos de la pauvreté s'étendent souvent aux personnes elles-mêmes.

La recherche révèle les traits de caractère qui mènent à la pauvreté irrémédiable

Source : FAO Corporate Document Repository (Recherche initiée par le département américain du développement économique et social)

1. La pauvreté irrémédiable s'explique par *un manque de savoir et un manque de compétences*, alliées à la *paresse*. Ces trois éléments sont fréquemment considérés comme la principale cause de la pauvreté.

2. La pauvreté irrémédiable a souvent son origine dans la « *paresse* », qui se caractérise par :

   a) Une faible attirance par une vie de confort,
   b) La passivité,
   c) Un manque de motivation et d'initiative,
   d) Un faible niveau intellectuel,
   e) Une pensée basée sur l'assistanat,
   f) L'attente d'une aide extérieure,
   g) Le manque de compétences pour planifier et organiser sa vie,
   h) Une mauvaise éducation et le manque de soins des adultes pour les enfants.

   Certains ont estimé que la paresse devait être traitée par le biais de l'éducation. Le sentiment général étant que les personnes de ce type sont sans espoir et qu'elles ont besoin d'une certaine forme d'assistance pour survivre. Elles ne possèdent pas les compétences nécessaires et la capacité de s'en sortir toutes seules.

3. Les plus pauvres parmi les pauvres sont considérés comme

   a) Étant paresseux et incapables,
   b) Étant incapables de s'en sortir par eux-mêmes ,
   c) Manquant d'intérêt et de compétences,

d) Ayant des familles nombreuses avec beaucoup d'enfants à charge.

La recherche révèle les traits de caractère qui mènent à l'inégalité

***Source : Simon Smith Kuznets** (30 avril 1901 – 8 juillet 1985) était un économiste russo-américain de la Wharton School de l'Université de Pennsylvanie qui remporta en 1971 le prix Nobel d'économie « Pour une interprétation, fondée sur une approche empirique, de la croissance économique qui a conduit à approfondir les connaissances de la structure et du processus socio-économique du développement. »*

1. Des facteurs interdépendants, non-linaires et complexes mènent à l'inégalité

Il existe de nombreuses raisons à l'origine de l'inégalité économique au sein des sociétés.

Les causes de l'inégalité sont souvent complexes, non linéaires et interdépendantes.

Des facteurs reconnus comme ayant un effet sur les inégalités économiques comprennent : les dispositions naturelles, l'ardeur au travail, l'éducation, la race, le sexe, la culture, la concentration de richesses, les modèles de développement, le goût personnel du travail, les loisirs et les risques.

2. La diversité des préférences personnelles mènent à l'inégalité

La diversité des préférences au sein d'une société contribue souvent à l'inégalité économique. **Devant le choix entre travailler plus pour gagner plus d'argent ou jouir de plus de temps libre, des personnes aux capacités similaires, dotées d'un potentiel de gains identique choisissent souvent des stratégies différentes.** Cela conduit à des inégalités économiques, même dans des sociétés qui ont une égalité parfaite en termes de capacités et de circonstances.

3. Les dispositions naturelles des individus mènent à l'inégalité

Beaucoup pensent qu'il existe une corrélation entre les différences dans les dispositions naturelles, comme l'intelligence, la force, ou le charisme et la richesse.

Ces dispositions naturelles pourraient également affecter la capacité des individus à fonctionner dans la société en général, indépendamment du marché du travail.

4. Les niveaux d'éducation différents mènent à l'inégalité

Un facteur important dans la création des inégalités est la différence d'accès à l'éducation. L'éducation, surtout dans les secteurs où il y a une forte demande, mène à des salaires élevés pour ceux qui sont dûment qualifiés.

Chapitre 5

« Celui qui a » obtiendra encore plus grâce à sa créativité

Les choses à savoir sur la créativité de l'homme

1. **Dieu a créé l'homme à son image, l'homme est donc par nature créatif.** L'homme n'utilisera pas forcément sa créativité. Le monde est divisé entre régions riches et régions pauvres. La plupart des régions pauvres sont habitées par des gens qui n'utilisent pas la créativité que Dieu leur a donnée. La créativité se manifeste dans les inventions, les innovations et les idées que les hommes découvrent.

   Puis Dieu dit : FAISONS L'HOMME À NOTRE IMAGE, selon notre ressemblance, et qu'il domine sur les poissons de la mer, sur les oiseaux du ciel, sur le bétail, sur toute la terre, et sur tous les reptiles qui rampent sur la terre.

   DIEU CRÉA L'HOMME À SON IMAGE, il le créa à l'image de Dieu, il créa l'homme et la femme.

   Genèse 1:26-27

2. **Dieu a donné à l'homme l'autorité d'achever l'œuvre de la création.** L'homme était si créatif que Dieu a laissé à l'homme la tâche de finir Sa création. À l'homme a été confiée la tâche importante de classer et de nommer les êtres créés.

   L'ÉTERNEL Dieu forma de la terre tous les animaux des champs et tous les oiseaux du ciel, et IL LES FIT VENIR VERS L'HOMME, POUR VOIR COMMENT IL LES APPELLERAIT et afin que tout être vivant portât le nom que lui donnerait l'homme.

   Et l'homme donna des noms à tout le bétail, aux oiseaux du ciel et à tous les animaux des champs; mais, pour l'homme, il ne trouva point d'aide semblable à lui.

   Genèse 2:19-20

3. **Les hommes créèrent des choses mauvaises.** Les hommes firent un mauvais usage du pouvoir que Dieu leur avait donné et ils commencèrent à inventer des choses mauvaises.

   Comme ils ne se sont pas souciés de connaître Dieu, Dieu les a livrés à leur sens réprouvé, pour commettre des choses indignes,
   Étant remplis de toute espèce d'injustice, de méchanceté, de cupidité, de malice; pleins d'envie, de meurtre, de querelle, de ruse, de malignité; Rapporteurs, médisants, impies, arrogants, hautains, fanfarons, INGÉNIEUX AU MAL, rebelles à leurs parents

   Romains 1:28-30

4. **Un manque de créativité cause une « diminution des revenus ».** Les revenus que vous tirez de l'agriculture diminuent au fil des ans. Les revenus que vous obtenez de la pêche diminuent au fil des ans et les revenus que vous obtenez des mines diminuent également avec les années. C'est pourquoi ces activités sont appelées à « revenus décroissants ». Quand on manque de créativité, on est forcé de vivre des ressources naturelles de la terre. C'est alors que l'élevage, la pêche et l'exploitation minière deviennent la principale activité de la population. Ces activités à revenus décroissants causent également la faim, la pauvreté, les migrations et les guerres. On retrouve une mention des revenus décroissants dans la Bible. Dans le livre de la Genèse, il est dit que la terre ne peut pas nourrir le peuple.

   Car leurs richesses étaient trop considérables pour qu'ils demeurassent ensemble, et la contrée où ils séjournaient ne pouvait plus leur suffire à cause de leurs troupeaux.

   Genèse 36:7

5. **Un manque de créativité cause la pauvreté :** C'est un fait qu'avec le temps, la terre rapporte de moins en moins à ses propriétaires. Cela a eu plusieurs conséquences dans la vie et l'expérience humaines.

6. **Un manque de créativité cause les migrations.** Le grand nombre de personnes qui migrent à la recherche de terres

plus fertiles apporte la preuve du fait que les rendements des terres diminuent au fil des années. Ce fait est à l'origine du nomadisme de nombreux peuples sur terre. La Bible donne des exemples de la manière dont la productivité décroissante de la terre donne lieu aux migrations. « Car leurs richesses étaient trop considér-ables pour qu'ils demeurassent ensemble, et la contrée où ils séjournaient ne pouvait plus leur suffire à cause de leurs troupeaux » (Genèse 36:7).

7. **Un manque de créativité cause les guerres.** Les guerres entre les nations, les tribus et les clans ont souvent eu pour origine la terre. L'on se bat parce que l'on n'a pas les moyens de prospérer sans acquérir plus de terres ou sans prendre les richesses des autres. Les besoins de plus de terres aux fins de l'agriculture, de l'exploitation minière, etc., ont inspiré de nombreuses guerres. Hitler envahit la Russie parce qu'il voulait les ressources de ce pays pour nourrir l'Allemagne.

Des revenus croissants et décroissants

La créativité mène toujours à des activités qui donnent des revenus supérieurs. Les termes « revenus croissants » et « revenus décroissants » sont utilisés dans le monde de l'industrie et des entreprises. Il vous sera très utile de comprendre ces termes car ils sont importants pour comprendre les causes de la pauvreté et de la richesse. Les pays riches et prospères, les personnes et même les églises s'adonnent à des activités à « revenus croissants », tandis que les pays pauvres, les gens pauvres et même les églises pauvres s'adonnent à des activités à « revenus décroissants ». Alors, quelles sont les activités à « revenus croissants » ?

Une activité à « revenus croissants » est souvent une activité de production, une industrie. Une activité à « revenus décroissants » est souvent une activité comme l'agriculture, l'exploitation minière ou la pêche.

Que sont des revenus décroissants ?

Un manque de créativité donne lieu à une diminution des revenus des activités dont les bénéfices diminuent au fil des années. Généralement, les revenus décroissants sont causés par la nature du travail lui-même. Par exemple, l'agriculture, qui est par excellence une activité à revenus décroissants produit de moins en moins au fil des années parce que la terre s'épuise et perd en productivité. Et il y a un maximum que vous pouvez investir dans un terrain. Continuer à investir indéfiniment ne permettra pas une productivité accrue de la terre.

Si par exemple vous avez dix parcelles de terrain et que vous avez deux tracteurs qui travaillent la terre, acheter une centaine de tracteurs de plus ne rendra pas la terre plus fertile. En fait, un tel investissement vous fera perdre encore plus d'argent sur une ferme dont les revenus sont déjà décroissants. La même chose est vraie pour une activité comme l'exploitation minière, où les minéraux qui sont exploités sont en voie d'épuisement. Des investissements supplémentaires dans la mine ne la rendront pas plus rentable. Donc, en règle générale, les propriétaires de fermes et de mines peuvent uniquement s'attendre à des revenus en diminution, à moins d'argent et à moins de prospérité au fur et à mesure que les années passent.

Que sont des revenus croissants ?

D'autre part, les activités à « revenus croissants » sont les produits de la créativité et consistent en des activités comme la production, les usines, etc., dont les revenus augmentent avec les années (si elles sont effectuées de manière efficace). Parce que l'argent investi initialement dans l'usine n'aura pas à être réinvesti chaque année.

Par exemple, si deux millions de dollars ont été nécessaires pour installer une usine, les investisseurs peuvent avoir récupéré leur argent vers la cinquième année. Cela signifie qu'à partir de la sixième année, ils feront toujours plus de bénéfices parce qu'ils n'auront plus à faire ces dépenses initiales. Grâce à cela, ils continueront à avoir les revenus croissants de leur activité.

Ainsi, alors que l'agriculteur et le mineur verront les revenus de leurs fermes en diminution, les gérants d'usines et d'industries connaîtront des revenus croître.

La créativité vous rapproche de Dieu. Parce que Dieu est d'abord un créateur. Les mécréants ont utilisé ce principe de créativité et il a permis aux pays riches de s'enrichir encore. Ceux qui n'ont pas utilisé ce principe de créativité ont causé l'appauvrissement de leurs pays qui étaient déjà pauvres.

Les pays riches et créatifs s'adonnent à des activités qui créent des richesses (ce que les économistes appellent « les activités à revenus croissants ») et les pays pauvres à des activités non créatives qui engendrent la pauvreté (ce que les économistes appellent les activités « à revenus décroissants »).

Tous les pays riches se sont enrichis de la même façon, en suivant des mesures qui les *éloignaient* des activités à revenus décroissants en portant leurs investissements sur les activités à revenus croissants, comme la production industrielle.

Les pays riches sont devenus supérieurs et ont dominé les pays les plus pauvres grâce à la créativité. Ceux qui vendent des iPods et des iPads en sont venus à dominer ceux qui récoltent des oranges, des arachides et des tomates pour vivre. Comme Dieu, ils dominent le monde parce que la créativité les a fait s'élever et évoluer dans les dimensions supérieures.

Lorsqu'on entend les dirigeants des pays du tiers-monde déclarer que leurs principaux objectifs économiques sont dans l'agriculture, on réalise qu'en fait ces pays sont voués à la pauvreté.

Que sont les marchés parfaits et les marchés imparfaits ?

Les activités à « revenus créatifs croissants » continuent d'enrichir les gens parce que leurs produits sont vendus sur ce qu'on appelle un « marché imparfait », tandis que les produits des activités « à revenus non créatifs décroissants » sont vendus sur des « marchés parfaits ».

Un marché parfait est un marché sur lequel on ne peut pas changer les prix facilement. Le prix est déterminé par des facteurs globaux qui échappent au contrôle de toute personne en particulier. Cela signifie que l'agriculteur ne contrôle pas le prix des oranges et des ananas, qu'il s'est acharné à produire. Dans ce marché parfait, on apprend dans les journaux le prix des oranges, des ananas et du cacao. Et on n'a pas d'autre choix que de l'accepter. Le cacao, les ananas et les oranges sont produits dans de nombreuses régions du monde, et personne en particulier ne peut décider du prix d'une orange. Le marché parfait mondial décide pour tout le monde. Je me demande pourquoi les hommes politiques se plaignent de la faible valeur des produits de leur pays sur le marché mondial. Au lieu de se plaindre du prix faible de l'or, du cacao, des bananes, ils devraient inciter leurs pays à se spécialiser dans les activités qui ne sont pas dépendantes de ces marchés parfaits.

Un marché imparfait, d'autre part, est un marché où sont vendus des produits à revenus croissants. Le marché imparfait n'est contrôlé par personne. C'est pourquoi il est imparfait. C'est un marché sauvage où tout le monde fait ce qu'il veut. Tout le monde vend ses produits au prix qu'il décide. Nul ne peut déterminer le prix de votre produit à votre place. Personne ne peut vous dire que vos produits ne valent pas grand-chose tel jour donné.

Cela signifie que vous pouvez vous assurer qu'on ne vous vole pas et que vous êtes payé au juste prix pour votre dur labeur. Par exemple, la société Toyota produit des Land Cruiser et détermine donc leur prix. Un Land Cruiser est produit par une seule compagnie, tandis que les mêmes oranges sont produites par des milliers d'agriculteurs dans le monde entier.

Le directeur de l'usine Toyota n'a pas à vérifier dans le journal à combien les Land Cruiser se négocient.

Il est le seul dans le monde qui produise ces Land Cruiser.

Il peut en vendre cette année pour cinquante mille, l'année prochaine soixante-dix mille et l'année suivante une centaine de milliers de dollars.

Si vous souhaitez acheter un Land Cruiser, il suffit de payer le prix qu'il a fixé. Il n'y a aucun facteur mondial qui permette de déterminer le prix des Land Cruiser dont il est l'inventeur.

Les agriculteurs et les pêcheurs vivent donc dans un monde entièrement différent de celui de la production industrielle. Le prix des matières premières fluctuent largement, parfois de manière imprévisible.

Alors que la Silicon Valley établit les prix de ses produits, les producteurs de matières premières doivent lire le journal tous les jours pour voir ce que le marché est prêt à payer pour les leurs.

Innovations et changement technologique

Les activités à revenus croissants mènent à une prospérité importante car les activités à revenus croissants (usines et activités de production) sont permises par les créations de l'homme qui sont appelées les innovations et les changements technologiques.

i. Une innovation est une manière neuve de faire des choses anciennes

ii. Une innovation est l'introduction de nouvelles procédures et de nouvelles méthodes

iii. Une innovation est l'introduction d'une nouvelle invention

iv. Une innovation est l'apport de quelque chose de neuf

v. Une innovation est une chose améliorée et meilleure que ce qui existe déjà

vi. Une innovation améliore l'efficacité d'une procédure existante

vii. Une innovation permet en général de réduire les coûts de production

Vous avez besoin « d'innover et de créer » afin de fabriquer quelque chose. Il faut beaucoup plus de créativité pour fabriquer une Mercedes Benz que pour récolter des oranges. Les inventeurs de l'iPod et l'iPhone en Californie ont innové et créé beaucoup plus que l'homme qui récolte des ignames et du maïs dans une ferme en Afrique. De toute évidence, les revenus des habitants de la Californie seront plus élevés que les revenus de la population de ce village africain.

Chaque fois que quelqu'un *innove et crée*, il est réellement à l'image de Dieu, qui lui a servi de modèle.

> **Dieu créa l'homme à *son* image, il le créa à l'image de Dieu, il créa l'homme et la femme.**
>
> **Genèse 1:27**

Il s'élève au-dessus de la vie d'un homme ordinaire. Quelqu'un qui innove et crée s'élève au-dessus du malheur et de la pauvreté qui affligent la majeure partie de la planète.

Les novateurs et les créateurs sont grassement payés pour leurs réalisations. C'est pourquoi toutes les nations qui ont innové, inventé et créé des produits comme les montres, les voitures, les téléphones, les téléviseurs, les caméras vidéos, les iPods, les iPads, les ordinateurs, les avions, les trains, les climatiseurs, les radiateurs, les pianos, les guitares, les machines à laver, les cuisinières, les fours à micro-ondes, les mixeurs, les motos, etc. sont devenues riches.

Cela explique aussi pourquoi les pays qui continuent à cueillir les oranges, les mangues, les papayes et les noix de coco tombées d'un arbre sont pauvres et continueront à être pauvres.

Ils n'ont pas innové et n'ont rien inventé !

Ils sont spécialisés dans les activités à revenus décrois- sants !

Ils vendent leurs produits sur les marchés parfaits !

Ils sont spécialisés dans la pauvreté !

Dans de nombreux pays pauvres aujourd'hui, la seule innovation laissée aux habitants est de découvrir une méthode pour quitter leur propre pays et d'aller vers les pays riches. Les habitants des pays les plus pauvres ont donc trouvé diverses manières créatives de voyager vers les pays riches et de s'y installer. Ils y arrivent en se faisant passer pour d'autres et en voyageant avec le passeport de quelqu'un d'autre. Des milliers d'hommes se sont fait passer pour des femmes et beaucoup de femmes se sont fait passer pour des hommes. Sans que les services de l'immigration ne s'en doutent, des hommes ont présenté des passeports qui appartenaient à des femmes et ont été accueillis dans les pays riches.

Des africains pauvres ont atteint les pays riches cachés à l'intérieur de citernes d'essence ou en voyageant dans le moteur d'énormes navires.

D'autres ont traversé à pied le désert du Sahara ou ont franchi l'océan à la nage pour entrer en Europe. On connaît également des exemples de personnes accrochées sous le châssis d'énormes avions décollant d'Afrique et arrivant en Europe sous forme des cadavres gelés.

Les pasteurs doivent être créatifs. Les hommes d'affaires doivent faire preuve de créativité. Les politiciens doivent faire preuve de créativité. Vous devez être créatif dans votre mariage. Vous devez être créatif dans votre travail. La créativité vous fera devenir « celui qui a ». L'histoire nous enseigne que la créativité génère de la richesse. Même si vous ne croyez pas la Bible, vous verrez ce que l'histoire nous enseigne.

L'histoire nous montre clairement ce qui se passera dans le futur. « Ce qui a été, c'est *ce qui* sera, et ce qui s'est fait, c'est ce qui se fera, *il n'y a rien* de nouveau sous le soleil ». (Ecclésiaste 1:9). Examinons maintenant l'effet de la créativité dans l'histoire de l'humanité.

L'histoire montre l'impact de la créativité

1. Comment Venise et la Hollande sont devenues riches grâce à des activités créatives.

L'Espagne était l'une des grandes nations maritimes d'Europe. Vous remarquerez que la majeure partie de l'Amérique du Sud et l'Amérique latine parlent espagnol. C'est parce qu'elles ont été envahies par les Espagnols venus y chercher de l'or.

Mais il est devenu évident aux observateurs du milieu du XVIe siècle que l'énorme richesse composée d'or et d'argent qui arrivait en Espagne, apportée par les navires de retour d'Amérique du Sud, ressortait du royaume pour aboutir à deux endroits : Venise et la Hollande.

Pourquoi ce flux d'or et d'argent finit-il dans ces deux endroits ?

Qu'est-ce qui distingue Venise et la Hollande, où une grande partie de l'or espagnol a fini ?

La réponse est simple : Venise et la Hollande n'avaient guère d'agriculture et ne pouvaient pas en avoir. Ces deux endroits sont bien connus pour leurs marais, leurs terres recouvertes d'eau. Mais ils avaient une industrie importante et diversifiée. On se rendit compte à travers toute l'Europe que les véritables mines d'or du monde n'étaient pas les mines d'or physiques qui se trouvaient en Amérique du Sud, mais qu'il s'agissait de l'industrie de production.

Giovanni Botero dans son ouvrage sur les origines de la richesse des villes déclare : *« Le pouvoir de l'industrie est tel qu'aucune mine d'argent ou d'or de la Nouvelle-Espagne ou du Pérou ne peut rivaliser avec lui et les taxes sur les marchandises provenant de Milan valent plus pour le roi catholique que les mines de Potosi et de Jalisco. »*

Anders Berch (1747), le premier professeur d'économie en Suède, déclara aussi : *« Les vraies mines d'or sont les industries de production ».* L'Italie est un pays dans lequel on ne trouve pas d'importantes mines d'or ou d'argent et il en est de même en France. Pourtant, les deux pays sont riches grâce à l'industrie. Sous diverses formes, le jugement selon lequel « les vraies mines d'or sont les industries de production » trouve sa preuve partout en Europe.

2. Comment l'Espagne devint pauvre en se spécialisant dans les activités non créatives à revenus décroissants

La découverte des Amériques entraîna l'afflux d'immenses quantités d'or et d'argent en Espagne. Ces immenses fortunes ne furent pas investies dans des systèmes productifs mais servirent à l'inverse à la désindustrialisation de l'Espagne.

En 1558, le ministre des finances espagnol, Luis Ortiz, décrit la situation dans un mémorandum au roi Philippe II : *« À partir des matières premières provenant d'Espagne et des Antilles : notamment la soie, le fer et la cochenille (un colorant rouge) qui leur a coûté seulement 1 florin, les étrangers produisent des produits finis qu'ils vendent à l'Espagne à des prix allant de 10 à 100 florins.*

L'Espagne est ainsi soumise à des humiliations plus importantes de la part du reste de l'Europe que ce qu'elle impose elle-même aux Indiens. En échange de l'or et de l'argent les Espagnols offrent des bibelots de plus ou moins grande valeur, mais en rachetant ensuite leurs propres matières premières à des prix exorbitants, les Espagnols sont la risée de toute l'Europe ».

3. Comment l'Europe décida de ne pas suivre l'exemple non créatif de l'Espagne

On en vint graduellement à considérer l'Espagne comme l'exemple type de la politique économique qu'une nation doit éviter à tout prix.

L'Espagne protégea sa production agricole, comme l'huile et le vin, contre la concurrence étrangère. Mais à la fin du XVIe siècle, l'Espagne était gravement désindustrialisée.

Il devint évident que les richesses des colonies avaient en fait appauvri, plutôt qu'enrichi la capacité de l'Espagne à produire des biens et des services.

Par contraste, voyons l'Angleterre d'Henri VII qui arriva au pouvoir en 1485 et qui protégea et encouragea activement son industrie.

4. Comment le roi Henri VII rendit l'Angleterre riche en assurant la créativité par l'industrialisation

Henri VII d'Angleterre, qui est arrivé au pouvoir en 1485, avait passé son enfance et sa jeunesse en France avec une tante en Bourgogne. Là, il observa la richesse d'une région productrice de tissus en laine. La laine et le matériel utilisés pour la nettoyer étaient tous deux importés d'Angleterre.

Lorsqu'Henri prit plus tard la tête du royaume appauvri d'Angleterre, il se rappela son adolescence en France. En Bourgogne, non seulement les producteurs de textile, mais aussi les boulangers et les autres artisans étaient aisés. L'Angleterre s'était consacrée à une mauvaise activité : l'agriculture. Le roi décida d'appliquer une politique visant à faire de l'Angleterre une nation productrice de textile et non pas un exportateur de matières premières.

Henri VII prit de nombreuses mesures visant à assurer que l'Angleterre passe des activités à revenus décroissants à des activités industrielles.

1. Il introduisit des taxes à l'exportation afin de décourager les exportations de matières premières de l'Angleterre. Il voulait forcer le peuple d'Angleterre à développer la fabrication de laine au lieu d'exporter seulement les matières premières.

2. Il exempta de taxes quiconque fabriquerait de la laine à partir de matières premières.

3. Il attira des artisans de Hollande et d'Italie pour qu'ils produisent en Angleterre.

Cent ans plus tard, Élisabeth Ire plaça un embargo sur toutes les exportations de laine brute.

Au XVIIIe siècle, Daniel Defoe et d'autres historiens reconnurent la sagesse de cette stratégie, qu'ils appelèrent le « Plan Tudor » d'après les rois et les reines de cette famille. Comme Venise et la Hollande et par les mêmes méthodes, l'Angleterre a prospéré en profitant des revenus triples provenant de ses industries, des matières premières et du commerce outre-mer.

5. Comment la créativité, l'industrialisation et les activités à revenus croissants chassèrent le paludisme hors d'Europe

Le paludisme a été endémique en Europe pendant des siècles, et la lutte contre cette maladie est déjà documentée au temps de l'empire romain. Historiquement, le paludisme était présent dans les régions que l'on n'associerait pas aujourd'hui à la maladie : les vallées suisses des Alpes situées jusqu'à 1400 mètres au-dessus du niveau de la mer étaient infestées par le paludisme au Moyen Âge et la maladie se rencontrait au nord jusqu'à la péninsule de Kola en Russie, au-delà du cercle polaire.

L'Europe se débarrassa du paludisme grâce à l'industrialisation et au développement.

Une agriculture plus développée et plus intensive a provoqué le drainage des marécages et la création de canaux d'irrigation (et même les centrales hydro-électriques) rendirent l'eau stagnante où le paludisme prospérait incompatible avec le développement économique. De grands travaux destinés à améliorer la santé publique et des systèmes créés pour éradiquer la maladie libérèrent également l'Europe du paludisme.

Au lieu de ce développement économique qui rendit l'Europe riche et qui lui permit de se libérer du paludisme, l'Afrique conserve une structure économique coloniale qui fonctionne principalement sur l'exportation des matières premières.

Au lieu du développement et de l'industrialisation qui ont permis d'éradiquer le paludisme en Europe, l'Afrique obtient des moustiquaires gratuites. Le cœur du problème qui est le fondement de toute la pauvreté n'est pas résolu par ces cadeaux provenant de l'occident.

6. Comment les pays européens ont protégé leur créativité du commerce libre avec le reste du monde

Pendant plusieurs siècles, la politique commerciale de l'Europe a été fondée sur le principe consistant à maximiser les secteurs industriels créatifs de leur propre pays et à protéger ces activités créatives contre la concurrence extérieure.

Par exemple, la politique économique de l'Angleterre était fondée sur une règle simple : importation de matières premières et exportation de produits industriels.

En Europe, on découvrit aussi que les pays déjà riches pouvaient se permettre une politique très différente de celles des pays encore pauvres. En fait, une fois qu'un pays avait été industrialisé solidement avec les mêmes facteurs qui nécessitaient une protection initiale, il demandait ensuite des marchés plus grands et plus ouverts afin de se développer et de prospérer.

Les industries créatives européennes découvrirent qu'une fois qu'elles avaient réussi, la protection, nécessaire au départ, devenait contre-productive.

On croyait que les taxes étaient aussi utiles pour initier la production dans un pays qu'elles étaient préjudiciables une fois que celle-ci était installée. C'est pourquoi le libre-échange (l'exposition des activités créatives naissantes à la concurrence extérieure) doit être soigneusement programmé.

7. Comment la Mongolie a été réduite à la pauvreté et au retard (« primitivisation ») lorsqu'elle a éradiqué les activités à revenus créatifs croissants

La « primitivisation » est le retour en arrière, la pauvreté et l'âge des ténèbres créés en décimant les industries créatives et les activités créatives. En vertu d'une politique de « primitivisation », la majorité est contrainte à revenir à des activités non-créatives à revenus décroissants. Comme les industries productrices meurent, bon nombre des activités non créatives à l'origine de la pauvreté prennent le dessus et dominent la nation.

Avant 1991, la Mongolie avait lentement mais sûrement développé un secteur industriel diversifié. La part de l'agriculture dans le produit national avait diminué progressivement de 60 % en 1940 à environ 16 % dans les années 1980. Cependant, les politiques se révélèrent extrêmement efficaces pour désindustrialiser la Mongolie. Un demi-siècle de développement de l'industrie créative en Mongolie a été pratiquement anéanti sur une période de seulement quatre ans, de 1991 à 1995. Dans la plupart des secteurs industriels, la production a chuté de plus de 90 % parce que le pays s'était ouvert au reste du monde en 1991.

En mars 2000, le secteur industriel du pays, auparavant considérable, avait été pratiquement éradiqué.

Les statistiques montrèrent que, l'une après l'autre, toutes les diverses industries du pays avaient disparu, en commençant par les plus avancées. Les statistiques montrèrent que la production de pain avait diminué de 71 % et la production de livres et de journaux de 79 %. En d'autres termes, les Mongols mangeaient et lisaient probablement moins qu'auparavant.

En quelques années seulement, les salaires réels ont été presque diminués de moitié et le chômage est devenu endémique.

Les seuls secteurs qui, selon les statistiques industrielles nationales, étaient en expansion étaient la production d'alcool qui a connu une croissance minimale et la collecte et la préparation de « duvet d'oiseau peigné » (pour autant que l'on puisse définir cela comme une industrie).

Fermer les usines sidérurgiques et les journaux du pays et envoyer la population ramasser du duvet d'oiseau ne peut être considéré autrement que comme une « primitivisation » de l'économie.

La combinaison de la désindustrialisation et de la déconstruction de l'État avait créé un chômage à grande échelle en Mongolie. Beaucoup de gens avaient été forcés de retourner à leur mode de vie ancestral : le pastoralisme nomade et l'élevage.

En 1990, avant la chute du mur de Berlin, les Mongols cohabitaient avec 21 millions d'animaux d'élevage, des moutons, des vaches, des chèvres et des chameaux.

En conséquence de cela, le nombre d'animaux de pâturage passa de 21 millions à 33 millions en dix ans.

La Mongolie ouvrit son économie entièrement presque du jour au lendemain et suivit scrupuleusement les conseils donnés par les institutions de Washington, la Banque mondiale et le Fonds Monétaire International, de laisser le marché prendre le contrôle. La Mongolie était censée trouver sa place dans l'économie mondiale en se spécialisant dans les secteurs où se trouvaient ses avantages compétitifs.

Le résultat fut que l'économie mongole passa de l'ère de l'industrie à celle du pastoralisme. L'économie nomade, cependant, était incapable de soutenir la population et le système industriel, et le résultat a été une catastrophe économique.

8. Comment la créativité et l'innovation génèrent de la richesse pour les fabricants de balles de golf aux États-Unis par rapport aux fabricants de balles de base-ball au Honduras et au Costa Rica

Une comparaison entre des personnes qui travaillent dans le même secteur révèle l'avantage de l'innovation dans la création de richesse et pour échapper à la pauvreté. Comme je l'ai dit plus tôt, l'innovation rend un homme à l'image de son créateur, et par conséquent, le place au-dessus des autres hommes qui ne sont pas créatifs.

Les producteurs de balles de base-ball les plus efficaces au monde, pour ce qui est le sport national aux États-Unis, se trouvent à Haïti, au Honduras et au Costa Rica. Les balles de base-ball sont encore cousues main comme elles l'étaient quand elles ont été inventées. Tous les ingénieurs et tous les capitaux disponibles aux États-Unis n'ont pas réussi à mécaniser la production des balles de base-ball. Les salaires des pays producteurs des balles de base-ball les plus efficaces au monde sont misérables. À Haïti, ils sont d'environ 30 cents de l'heure. Chaque balle de base-ball est cousue à la main avec 108 points de suture et chaque travailleur est capable de coudre quatre balles de base-ball par heure. Cela se fait à la main.

Les balles sont vendues aux États-Unis, pour environ 15 $ pièce. Suite aux problèmes politiques en Haïti, une grande partie de la production fut transférée au Honduras et au Costa Rica. Ici le niveau de salaire est supérieur à 1 $ de l'heure.

Les balles de golf, quant à elles, sont un produit de haute technologie. Un des fabricants les plus importants se trouve dans l'ancienne ville baleinière de New Bedford, dans le Massachusetts. La recherche et le développement jouent un rôle important dans la production.

Les salaires des ouvriers dans la région de New Bedford sont compris entre 14 $ et 16 $ de l'heure.

La différence entre le salaire d'un producteur de balle de golf et celui d'un producteur de balle de base-ball s'explique parce qu'une production implique de la créativité et l'autre pas. Produire des balles de golf implique de la créativité, de l'innovation et un changement technologique. La production des balles de base-ball n'implique pas de créativité, d'innovation ni de changement technologique. La production de balles de base-ball n'implique qu'une couture à la main.

Le marché récompense le producteur de balles de golf par un revenu entre 12 et 36 fois supérieur à celui du meilleur producteur mondial de balles de base-ball.

9. Comment la créativité et le changement technologique génèrent de la richesse pour les fabricants de pyjamas aux États-Unis par rapport à ceux du Guatemala

La créativité donne lieu à des innovations et des nouvelles technologies qui nécessitent des connaissances nouvelles. On est toujours mieux payé pour ses nouvelles connaissances, pour l'innovation et pour le changement technologique.

Dans les années 1980, on pouvait trouver les informations suivantes sur des pyjamas vendus aux États-Unis : 1. Tissu fabriqué aux États-Unis, 2. Tissu coupé au Guatemala et 3. Pyjamas assemblés au Guatemala.

La production de tissu était un travail mécanisé impliquant de la créativité, et ainsi, cette partie du travail était effectuée aux États-Unis. La découpe et l'assemblage étaient effectués dans les pays pauvres où on ne disposait pas de changements technologiques créatifs.

Un jour, de nouvelles technologies au laser ont été développées, elles ont permis de découper automatiquement de grandes piles de tissus avec une grande précision, éliminant ainsi le besoin de main-d'œuvre bon marché. Couper le tissu étant maintenant une activité basée sur la technologie, cette activité fut déplacée vers les États-Unis.

Dans les années 1990, on pouvait trouver de nouvelles informations sur les étiquettes des pyjamas : 1. Tissu produit aux États-Unis, 2. Tissu coupé aux États-Unis, 3. Pyjamas assemblés au Guatemala.

Comme vous pouvez le voir, tous les travaux créatifs à revenus élevés se sont déplacés vers les pays riches. Les pays pauvres sont demeurés avec des emplois qui n'exigent pas de créativité.

10. Comment la richesse fut accrue par la créativité, le savoir-faire et le savoir sur la partie ouest de Cuba où l'on cultive le tabac, par rapport à la partie est où l'on cultive la canne à sucre

D'un point de vue économique, Cuba possédait un avantage absolu dans deux cultures tropicales : le sucre et le tabac. Le tabac est principalement cultivé sur la partie ouest de l'île et a créé une classe moyenne. Le sucre – cultivé sur le reste de l'île – a créé deux catégories de personnes : les maîtres et les esclaves.

La culture et la cueillette du tabac ont créé une demande pour deux compétences spécialisées : les feuilles de tabac sont récoltées individuellement et le prix du produit sur le marché dépend de la créativité et de l'habileté du cueilleur. La culture du tabac a permis de développer des compétences, de la créativité, des caractères individuels et une richesse modeste. Le tabac nécessite des compétences, des soins et du jugement. Le sucre ne nécessite que de la force pour couper le produit.

Un sélecteur de tabac spécialisé peut distinguer soixante-dix ou quatre-vingts différentes nuances de couleur de tabac, alors que pour la récolte de la canne, le moment de la cueillette n'est pas important.

Le tabac est délicatement coupé feuille par feuille avec un petit couteau tranchant, en s'assurant que le reste de la plante survive. La canne à sucre, elle, est simplement et brutalement coupée avec une grosse machette. Travailler le sucre est un métier ; travailler le tabac est un art.

L'origine de la richesse de la partie ouest de Cuba et de la pauvreté dans la partie orientale de l'île est claire : la richesse et la prospérité de l'ouest sont liées à un travail plus créatif.

11. Comment la Nouvelle-Zélande devint riche en refusant tout ce qui pouvait empêcher le pays de se développer dans les secteurs de la créativité et de l'industrialisation

Un livre appelé « Un colon en Nouvelle-Zélande » révèle l'état d'esprit des colons en Nouvelle-Zélande en 1897 :

1. Le colon de la Nouvelle-Zélande refuse d'accepter les importations bon marché, car cela empêcherait la Nouvelle-Zélande de devenir un pays industrialisé.
2. Le colon de la Nouvelle-Zélande rejette toutes les théories du libre échange avec le monde extérieur et prélève des taxes à l'importation importantes sur les produits que la colonie est capable de fournir. Les Néo-Zélandais estiment que ce n'est que de cette façon que leur terre nouvelle peut devenir prospère.
3. Le Néo-Zélandais est d'avis que la prospérité ne serait pas réalisable si elle était sujette à la libre concurrence des étrangers. Il a refusé de recevoir les surplus que d'autres déversaient sur son marché.
4. Le colon néo-zélandais désire que les enfants qui grandissent autour de lui aient des occasions *d'acquérir des compétences mécaniques pour éviter qu'ils ne deviennent*

que de simples scieurs de bois et des porteurs d"eau pour les plus riches. Il considère la compétence mécanique et les excellents produits de cette compétence comme le pilier de la force et de la sécurité d'un peuple.

5. Le colon de la Nouvelle-Zélande ne prend pas en compte les résultats immédiats. Son œil est sur l'avenir et sur les enfants qui grandissent autour de lui. Ce colon, habitant d'un pays récemment créé, la Nouvelle-Zélande, résume des siècles de sagesse.

N'est-ce pas ironique qu'aujourd'hui, nous trouvions des pays riches qui déversent leurs produits excédentaires dans les pays pauvres, qui, eux, considèrent cela comme un bienfait ?

Dans la hiérarchie des nations, un pays qui ne protègerait pas son industrie verrait toute sa créativité vouée à la malédiction biblique d'être réduits à « couper le bois et puiser l'eau » (Josué 9:23). Cette phrase était couramment utilisée également aux États-Unis dans les arguments pour protéger les industries de production.

La Bible reconnaît donc une hiérarchie de compétences où les scieurs de bois et les porteurs d'eau sont situés en bas.

Les avantages de la créativité

1. La créativité changera complètement votre vie.

La créativité vous aide à changer les choses anciennes dans votre vie par l'introduction de nouvelles méthodes, de nouvelles idées ou de nouveaux produits. Vous bénéficierez des privilèges et des résultats de vos idées. Cela vous rendra compétitif et vous apprendrez à gagner à tout prix. Vous apprendrez la nécessité de réussir dans tout ce que vous faites. Vous apprendrez la nécessité d'être premier et non pas deuxième ou troisième.

La créativité fera de vous un travailleur acharné. Vous devez être créatif car cela fera de vous un travailleur acharné et un leader fort qui fixe ses propres objectifs. La créativité stimulera votre confiance alors que vous obtenez des résultats de plus en plus importants.

La créativité vous permettra de développer de la sagesse pratique et du bon sens. Vous devez être créatif, car cela vous donnera beaucoup de bon sens et un bon jugement.

2. **La créativité fera de vous une personne qui réussit vraiment.**

Vous devez être créatif car cela vous assurera le succès quels que soient votre âge, votre sexe et votre niveau d'éducation. « Pendant les années 1950, 60 et 70, la grande majorité des gens qui créaient des sociétés avaient la trentaine et la quarantaine. Ce n'était plus le cas durant les années 1980 et ce n'est pas le cas non plus aujourd'hui. Steve Jobs et Steve Wozniak avaient tous deux à peine plus de vingt ans quand ils lancèrent Apple. À l'autre extrême, Ray Kroc avait 59 ans quand il lança la chaîne de restaurants McDonald's. »

Jusqu'à tout récemment, l'esprit d'entreprise était considéré par beaucoup comme une affaire d'hommes. Ce n'est plus vrai aujourd'hui alors que davantage d'entreprises sont maintenant lancées par des femmes que par des hommes.

Les connaissances et les compétences sont très importantes. Cependant, la manière dont vous acquérez vos compétences et vos connaissances est moins importante. Dans certains cas, les diplômes universitaires s'avèrent être un handicap plutôt qu'un atout. Un chercheur a récemment suggéré que l'un des plus grands handicaps que vous pouvez avoir lorsque vous démarrez une entreprise est un doctorat. Par exemple, Bill Gates, fondateur de Microsoft avait quitté Harvard après sa deuxième année d'études seulement.

3. **La créativité vous fera aimer votre travail.**

La plupart des gens qui ont un emploi régulier sont épuisés à la fin de la journée et redoutent le matin du jour suivant, surtout après les week-ends. Un entrepreneur, en revanche, travaille tout le temps et met toute son énergie dans son travail. Parce qu'il travaille de manière acharnée, il aime ce qu'il fait, et à cause de cela, tout ce qu'il entreprend s'avérera finalement être une grande réussite.

Le travail est souvent ce qu'on est obligé de faire. Les personnes créatives font les choses parce qu'elles aiment les faire. Les personnes créatives ne travaillent pas principalement pour jouir des plaisirs des riches. Réussir à réaliser ses idées est ce qui les satisfait. Pour un vrai entrepreneur, le travail n'est pas un moyen d'atteindre un but. C'est un but en soi. Le processus est aussi gratifiant pour lui que le produit final. Parce qu'un entrepreneur est habité par son désir de travailler dur, il n'a pas vraiment le temps d'être impliqué dans les futilités de la vie quotidienne.

4. **La créativité vous permettra d'être maître de votre vie.**

La meilleure chose à propos d'une personne créative est qu'elle crée sa propre vie et a une maîtrise absolue de sa vie. Elle n'a de compte à rendre à personne. Elle peut prendre des vacances à chaque fois qu'elle sent qu'elle en a besoin. Elle décide de la marche de son entreprise. Et le plus grand avantage, c'est que personne ne peut la licencier. C'est génial d'être son propre patron et de créer soi-même son propre destin.

5. **La créativité vous permettra d'obtenir de vrais succès.**

Très peu de gens connaissent un véritable succès. Les personnes créatives acceptent les défis, travaillent dur pour les surmonter et lorsqu'elles réussissent, elles savourent le moment. Même si elles échouent au début, elles ne baissent pas les bras.

Chapitre 6

« Celui qui a » aura encore plus grâce à sa capacité à reconnaître les personnes que Dieu a placées dans sa vie

Reconnaissez ce que Dieu donne aux gens

... parce que tu n'as pas connu le temps où tu as été visitée.

Luc 19:44

En effet, Dieu rend visite à son peuple pour le bénir et le faire prospérer. Il est important de reconnaître quand Dieu vous visite et vous apporte de l'aide. Ne croyez pas que Dieu ne donne qu'à une partie seulement de ses enfants. Vous ne feriez pas ça à vos enfants ! Alors pourquoi pensez-vous que Dieu tout-puissant prenne soin de certains de ses enfants et laisse les autres démunis ? Ce n'est pas le cas. Le problème est que nous ne pouvons souvent pas reconnaître ce que Dieu nous donne parce que nous ne connaissons qu'une seule manière par laquelle il nous visite.

Les disciples marchèrent plusieurs kilomètres avec le Seigneur, mais ne le reconnurent pas. N'est-ce pas étonnant ? « Après cela, il apparut, sous une autre forme, à deux d'entre eux qui étaient en chemin pour aller à la campagne. » (Marc 16:12).

Le Seigneur dit à Adam et Ève de regarder autour d'eux et de voir qu'il leur avait donné tout ce dont ils avaient besoin.

Peut-être que s'ils n'avaient pas cherché, ils n'auraient pas remarqué que tout ce dont ils avaient besoin était déjà là. Il faut être doué pour discerner ce que Dieu vous donne.

Quand les gens ne reconnaissent pas ses dons pour ce qu'ils sont, ils les ignorent et commencent à se plaindre. Le problème est que nous voulons souvent que Dieu fasse les choses d'une manière particulière. Comme Naaman le Syrien qui s'attendait à ce que le prophète effectue la guérison d'une façon particulière, nous nous attendons souvent à ce que Dieu réponde à nos besoins d'une certaine manière.

Il se peut que je ne vive ou ne travaille pas en Amérique, mais de façon différente, je vois ce que Dieu m'a donné. De nombreux médecins en Amérique ne peuvent pas avoir de serviteurs, de chauffeurs, de personnel de sécurité ou de secrétaires pour les servir. Mais dans le tiers-monde, je peux me les offrir. Je les vois comme une disposition de Dieu qui change complètement la qualité de ma vie.

Comprendre comment Dieu donne, afin ne pas éconduire les personnes que Dieu vous a envoyées.

Vous devez aller plus loin et développer ce que Dieu vous a donné. Qu'importe ce que c'est, c'est votre devoir de le développer et de l'utiliser.

Saül a été oint par le Seigneur, mais tout le monde ne croyait pas en lui. Comme le passage ci-dessous le montre, certains se sont même demandés : « Comment cet homme peut-il nous aider ? » Mais d'autres ont cru en Saül parce que Dieu avait touché leur cœur.

> **Saül aussi s'en alla dans sa maison à Guibea. Il fut accompagné par les honnêtes gens, dont Dieu avait touché le cœur. Il y eut toutefois des hommes pervers, qui disaient: Quoi ! C'EST CELUI-CI QUI NOUS SAUVERA ! Et ils le méprisèrent, et ne lui apportèrent aucun présent. Mais Saül n'y prit point garde.**
>
> **1 Samuel 10:26-27**

Dieu touchera le cœur de certains et ils vous aimeront et vous serviront. Mais Dieu ne touche pas le cœur de tout le monde. Vous devez accepter et recevoir les gens qui sont touchés par

Dieu et qu'Il envoie. Ils sont les plus grandes bénédictions et des atouts dans votre vie.

Vous accomplirez de grandes choses quand vous reconnaîtrez les gens que Dieu a envoyés dans votre vie. Quand je regarde autour de moi, je vois des gens merveilleux qui ont été touchés par Dieu et qu'Il a envoyés dans ma vie. Grâce à ces gens, j'ai pu évoluer de plus en plus et accomplir plus pour le Seigneur.

1. « CELUI QUI A » RECONNAÎT LES PERSONNES BÉNIES QUI ONT ÉTÉ ENVOYÉES DANS SA VIE

Laban lui dit : puissé-je trouver grâce à tes yeux ! Je vois bien que L'ÉTERNEL M'A BÉNI À CAUSE DE TOI.

Genèse 30:27

Dieu peut choisir *de vous donner quelque chose* par le biais de votre association avec une personne bénie. Laban, l'oncle de Jacob, a reconnu qu'il était devenu prospère en raison de la présence de Jacob. Il l'a reconnu et il l'a dit clairement.

En effet, vous ne pourrez pas gagner tant de richesses grâce à votre travail, à votre éducation, à vos compétences ou à vos diplômes mais plutôt par l'intermédiaire de votre association avec quelqu'un.

C'est un des plus grands principes de la prospérité. Souvent, Dieu offre à quelqu'un un cadeau très important et s'attend à ce que beaucoup de personnes bénéficient de ce cadeau. Dieu donne la richesse à une personne et s'attend à ce que beaucoup d'autres profitent des retombées de cette richesse.

Dieu ne donne pas de visions et de rêves à tout le monde. Il donne de grandes visions et des rêves à une personne et s'attend à ce que les autres profitent de leur effet.

Marie-Madeleine est celle qui a eu le privilège d'avoir une vision de Jésus au tombeau plus vraie que nature. Même Pierre, Jacques et Jean n'avaient pas eu cette vision. Vous et moi n'avons pas eu cette vision, et pourtant nous en avons tous bénéficié.

Dieu ne donne pas la même chose à tout le monde. Soyez humble et associez-vous avec des gens bénis, afin de recevoir au moins un peu de bénédiction dans votre vie.

2. « CELUI QUI A » RECONNAÎT LES PAUVRES QUE DIEU A ENVOYÉS DANS SA VIE

Beaucoup d'entre nous écartent les pauvres comme source de bénédiction financière. Nous supposons que la prospérité et l'aide financière ne viendront que des gens riches et célèbres. Cependant, Dieu utilise parfois des pauvres pour aider d'autres à prospérer. Élie devait être nourri par une veuve qui mourait de faim. Dieu a utilisé une veuve affamée pour permettre à Élie à survivre pendant la famine.

Lève-toi, va à Sarepta, qui appartient à Sidon, et demeure là. Voici, j'y ai ordonné à une femme veuve de te nourrir.

1 Rois 17:9

Les banques sont riches grâce aux contributions modestes de nombreux pauvres. Les compagnies d'assurance se nourrissent des apports faibles faits par les masses. De nombreux pasteurs vivent grâce aux contributions de leurs fidèles qui sont pauvres, mais nombreux. Beaucoup de politiciens gagnent les élections grâce aux voix des pauvres.

Ces exemples montrent que les gens peuvent devenir prospères grâce à l'aide des pauvres. Également, un homme pauvre peut devenir riche du jour au lendemain.

C'est peut-être pourquoi la Bible nous enseigne de respecter tout le monde.

... de ne médire de personne, d'être pacifiques, modérés, PLEIN DE DOUCEURS ENVERS TOUS LES HOMMES.

Tite 3:2

3. « CELUI QUI A » RECONNAÎT LES HOMMES DE DIEU QUI ONT ÉTÉ ENVOYÉS DANS SA VIE

Ne pas reconnaître la contribution d'un homme de Dieu dans votre vie, c'est cette ingratitude qui attire de nombreuses malédictions. Voyez la contribution d'Élisée à la vie de cette femme.

> Une femme d'entre les femmes des fils des prophètes cria à Élisée, en disant : Ton serviteur mon mari est mort, et tu sais que ton serviteur craignait l'Éternel ; or le créancier est venu pour prendre mes deux enfants et en faire ses esclaves.
>
> Élisée lui dit : Que puis-je faire pour toi ? Dis-moi, qu'as-tu à la maison ? Elle répondit : Ta servante n'a rien du tout à la maison qu'un vase d'huile.
>
> Et il dit : Va demander au dehors des vases chez tous tes voisins, des vases vides, et n'en demande pas un petit nombre.
>
> Quand tu seras rentrée, tu fermeras la porte sur toi et sur tes enfants ; tu verseras dans tous ces vases, et tu mettras de côté ceux qui seront pleins.
>
> Alors elle le quitta. Elle ferma la porte sur elle et sur ses enfants ; ils lui présentaient les vases, et elle versait.
>
> Lorsque les vases furent pleins, elle dit à son fils : Présente-moi encore un vase. Mais il lui répondit : Il n'y a plus de vase. Et l'huile s'arrêta.
>
> Elle alla le rapporter à l'homme de Dieu, et il dit : Va vendre l'huile, et paie ta dette ; et tu vivras, toi et tes fils, de ce qui restera.
>
> 2 Rois 4:1-7

Vous voyez, un prophète est un agent de changement ! Un prophète est un agent de la prospérité ! Un prophète est un agent de promotion ! Et Dieu avait envoyé un prophète dans ma vie. Il était impératif que je l'honore parce que ne pas l'honorer revenait à *ne pas* dire merci.

Élisée a été un agent de prospérité de la veuve. Grâce à son ministère, son huile est devenue abondante, ses factures ont été payées, ses fils ont été délivrés de l'esclavage et sa vie a changé pour toujours.

Un jour, j'assistais à Tulsa, dans l'Oklahoma, à une conférence de Kenneth Hagin. Au milieu de la conférence, l'esprit du Seigneur m'a dit d'honorer Kenneth Hagin avec un cadeau. Mais ce soir-là, Kenneth Hagin, a décrit à quel point il était prospère combien de dîme il avait payé cette année-là.

J'ai pensé : « Cet homme n'aura pas besoin ma maigre offrande ».

Cette nuit-là, le Seigneur m'apparut et me montra combien il était important de l'honorer, peu importe la modestie de l'offrande. Le Seigneur me montra à quel point j'avais bénéficié du ministère de Kenneth Hagin.

Mais il y a une chose qui m'a surpris. Dieu m'a montré comment toutes les voitures que j'avais, la maison que j'habitais et l'argent que possédais, m'étaient arrivés grâce au ministère de Kenneth Hagin. Il m'a montré que même la possibilité de me rendre à Tulsa, venait d'une certaine façon du ministère de Kenneth Hagin

En pensant à ma vie, j'ai réalisé à quel point c'était vrai. Dieu m'a consacré par l'intermédiaire de son ministère, et tout ce que j'avais, je le devais à l'onction que j'avais reçue.

4. « CELUI QUI A » RECONNAÎT LES PÈRES QUI ONT ÉTÉ ENVOYÉS DANS SA VIE

La richesse appartient aux familles terre à terre ! L'onction appartient aux familles spirituelles ! Il est important de reconnaître les pères que Dieu a envoyés dans votre vie. Si vous ne reconnaissez pas ces pères, vous n'appartiendrez jamais à la bonne famille. La richesse et l'onction qui sont destinés à votre famille seront alors perdues.

La richesse se transmet de génération en génération. Il est important de reconnaître que le plus beau cadeau indirect menant à la prospérité qui vous est donné par votre père est l'éducation. Même la suggestion d'aller à l'école et les conseils sur ce qu'il faut étudier à l'école sont des sources de prospérité.

Tous les pères n'ont pas la possibilité de laisser à leurs enfants des propriétés et une richesse matérielle. Cependant, dans certains cas, Dieu vous remet directement la richesse par votre père. Soyez ouvert pour recevoir la prospérité grâce à votre père. Remarquez comment les richesses d'Abraham ont été transmises à Isaac

> **Abraham donna tous ses biens à Isaac. Il fit des dons aux fils de ses concubines ; et, tandis qu'il vivait encore, il les envoya loin de son fils Isaac du côté de l'orient, dans le pays d'Orient.**
>
> **Genèse 25:5-6**

5. « CELUI QUI A » RECONNAÎT LES AMIS DE SON PÈRE QUI ONT ÉTÉ ENVOYÉS DANS SA VIE

Même les amis de votre père peuvent être une source de richesse. C'est pourquoi vous ne devez pas oublier les anciens points de repère. C'est pourquoi il ne faut pas briser les liens familiaux importants. Si vous méprisez votre père et ses amis, vous risquez de vous aliéner des sources potentielles de richesse. Salomon a sagement entretenu des liens avec les amis de son père. Le roi David, père de Salomon, avait un bon ami appelé Hiram. Salomon maintint de bonnes relations avec Hiram et profita de l'ami de son père.

> Hiram, roi de Tyr, envoya ses serviteurs vers Salomon, car il apprit qu'on l'avait oint pour roi à la place de son père, et *il avait toujours aimé David.....*
>
> Lorsqu'il entendit les paroles de Salomon, Hiram eut une grande joie, et il dit : Béni soit aujourd'hui l'Éternel, qui a donné à David un fils sage pour chef de ce grand peuple !
>
> Et Hiram fit répondre à Salomon : J'ai entendu ce que tu m'as envoyé dire. Je ferai tout ce qui te plaira au sujet

des bois de cèdre et des bois de cyprès. ...Hiram donna à Salomon des bois de cèdre et des bois de cyprès autant qu'il en voulut.

1 Rois 5:1, 7-8,10

6. « CELUI QUI A » RECONNAÎT L'IMPORTANCE DU CONJOINT QUE DIEU LUI A ENVOYÉ

Naomi avait un parent de son mari. C'était un homme puissant et riche, de la famille d'Élimélec, et qui se nommait Boaz. Ruth la Moabite dit à Naomi: Laisse-moi, je te prie, aller glaner des épis dans le champ de celui aux yeux duquel je trouverai grâce. Elle lui répondit: Va, ma fille. Elle alla glaner dans un champ, derrière les moissonneurs. Et il se trouva par hasard que la pièce de terre appartenait à Boaz, qui était de la famille d'Élimélec.

Ruth 2:1-3

Certaines personnes sont bénies et prospèrent en se mariant avec des gens issus d'une famille prospère. Ne soyez pas honteux si c'est la manière que Dieu a choisie pour vous élever. Il y a plusieurs dames très belles qui ont été élevées à des places importantes par le biais de leur mariage avec quelqu'un en particulier. Il y a aussi des hommes qui ont prospéré en épousant des femmes issues de familles riches.

Malheureusement, il y a toujours des gens qui ne veulent pas l'accepter. Leur ego souffre à l'idée que leur vie a été modifiée par leur mariage. Ils souhaitent pouvoir dire : « J'aurais prospéré de toute manière, même si je en m'étais pas marié avec toi ». Cette attitude conduit à l'ingratitude. Ces personnes sont présomptueuses et ingrates. Il est important de reconnaître qu'il y a de nombreux prétendants, attendant dans l'ombre pour prendre la place des personnes présomptueuses et ingrates qui ne reconnaissent jamais la bénédiction qui les a touchés grâce à leur conjoint.

Parfois, Dieu choisit une méthode qui vous force à l'humilité pour vous faire prospérer. Si vous n'êtes pas humble vous ne pourrez pas bénéficier de la bénédiction.

7. « CELUI QUI A » RECONNAÎT L'IMPORTANCE DES FRÈRES QUE DIEU LUI A DONNÉS

Dieu peut vous bénir par votre frère, ou même votre petit frère. Vous pouvez souhaiter qu'il en soit autrement, mais Dieu peut choisir d'utiliser vos propres frères. Pour vous rendre encore plus humble, Dieu peut choisir le frère que vous avez méprisé, ridiculisé, taquiné et rejeté. C'est ce qui est arrivé aux frères de Joseph. Ils ont dû accepter le don de Dieu venant du frère qu'ils avaient méprisé. Devenez humble et vous pourrez recevoir un don de Dieu grâce à votre propre frère.

> **Joseph établit son père et ses frères, et leur donna une propriété dans le pays d'Égypte, dans la meilleure partie du pays, dans la contrée de Ramsès, comme Pharaon l'avait ordonné.**
>
> **Joseph fournit du pain à son père et à ses frères, et à toute la famille de son père, selon le nombre des enfants**
>
> **Il n'y avait plus de pain dans tout le pays, car la famine était très grande ; le pays d'Égypte et le pays de Canaan languissaient, à cause de la famine.**
>
> Genèse 47:11-13

8. « CELUI QUI A » RECONNAÎT L'IMPORTANCE DES INCONNUS QUE DIEU LUI ENVOIE

De grandes bénédictions sont venues à la famille de Séphora lorsqu'elle reçut dans sa vie un inconnu nommé Moïse.

Nous sommes souvent méfiants envers les inconnus et attendons uniquement des bénédictions qui viennent par le biais de personnes que nous connaissons. Mais Dieu peut utiliser un inconnu pour vous apporter la prospérité. La Bible nous encourage à accueillir des étrangers parce que parfois, un étranger est un ange déguisé. C'est pourquoi nous devons être ouverts et polis avec tout le monde.

> Mais Moïse s'enfuit de devant Pharaon, et il se retira dans le pays de Madian, où il s'arrêta près d'un puits.
>
> Le sacrificateur de Madian avait sept filles. Elles vinrent

puiser de l'eau, et elles remplirent les auges pour abreuver le troupeau de leur père.

Les bergers arrivèrent, et les chassèrent. Alors Moïse se leva, prit leur défense, et fit boire leur troupeau.

Quand elles furent de retour auprès de Réuel, leur père, il dit : Pourquoi revenez-vous si tôt aujourd'hui ?

Elles répondirent : Un Égyptien nous a délivrées de la main des bergers, et même il nous a puisé de l'eau, et a fait boire le troupeau.

Et il dit à ses filles : Où est-il ? Pourquoi avez-vous laissé cet homme ? Appelez-le, pour qu'il prenne quelque nourriture.

Moïse se décida à demeurer chez cet homme, qui lui donna pour femme Séphora, sa fille.

Exode 2:15-21

9. « CELUI QUI A » RECONNAÎT L'IMPORTANCE DES ENNEMIS QUE DIEU INTRODUIT DANS SA VIE

Beaucoup de gens tremblent quand ils rencontrent des ennemis dans leur vie et au cours de leur ministère. Ironiquement, ces ennemis sont souvent amenés par le Seigneur pour introduire la grandeur dans votre vie. Vous devez faire confiance au Seigneur et apprendre à dire « Dieu est grand ! » Vous devez reconnaître que parfois, Dieu n'utilise votre ennemi que pour vous faire avancer vers votre destin. Ce ne sont pas uniquement vos amis qui peuvent vous aider. Vous pouvez être aidé par un ennemi. En fait, votre ennemi fait souvent ressortir le meilleur de vous. Votre ennemi fera pour vous ce que votre ami ne peut pas faire. Considérez votre ennemi sous un angle différent.

Observez comment son obstination, sa méchanceté, sa traîtrise, son envie et sa haine sont utilisées par le Seigneur pour améliorer votre vie !

Toutes choses concourent au bien, et Dieu peut vous bénir à travers vos ennemis, il le fera. Non seulement vous allez vaincre vos ennemis, mais ces ennemis seront utilisés pour faire de vous quelqu'un de meilleur.

Dix exemples d'une aide provenant de vos ennemis

1) **Jésus a été aidé par la traîtrise et la félonie de Judas.** La grande réussite de Jésus-Christ a été de sauver le monde en mourant sur la croix. Notre Seigneur Jésus a accédé à la croix par l'intermédiaire de la trahison de Judas.

   Alors Judas, qui l'avait livré... en disant: J'ai péché, en livrant le sang innocent. Ils répondirent : Que nous importe ? Cela te regarde.

   Matthieu 27:3-4

2) **Jésus a accédé à la croix grâce à la jalousie des Pharisiens.** La Bible nous apprend que Jésus avait été livré à cause de la jalousie des Pharisiens.

   Pilate leur répondit : Voulez-vous que je vous relâche le roi des Juifs ?

   Car il savait que c'était par envie que les principaux sacrificateurs l'avaient livré.

   Marc 15:9-10

3) **Moïse a été aidé par l'opiniâtreté de Pharaon.** La plus grande réussite de Moïse a été la délivrance d'Israël par le biais des signes extraordinaires et des prodiges qu'il a réalisés. Pharaon donna à Moïse la possibilité de faire davantage de prodiges en refusant obstinément de laisser partir le peuple.

   Il n'a plus paru en Israël de prophète semblable à Moïse, que l'Éternel connaissait face à face,

   Nul ne peut lui être comparé pour tous les signes et les miracles que Dieu l'envoya faire au pays d'Égypte contre Pharaon, contre ses serviteurs et contre tout son pays et pour tous les prodiges de terreur que Moïse accomplit à main forte sous les yeux de tout Israël.

   Deutéronome 34:10-12

4) **Joseph a été aidé par la méchanceté de ses frères.** L'appel de Joseph comme premier ministre d'Égypte a été possible car les frères de Joseph ont aidé à le faire venir dans le pays

dans lequel il serait le premier ministre. Ils l'ont fait venir par inadvertance sur la terre où il fut exalté et promu.

Alors Juda dit à ses frères : Que gagnerons-nous à tuer notre frère et à cacher son sang ?

Venez, vendons-le aux Ismaélites, et ne mettons pas la main sur lui, car il est notre frère, notre chair. Et ses frères l'écoutèrent ...

Les Madianites le vendirent en Égypte à Potiphar, officier de Pharaon, chef des gardes.

Genèse 37:26-36

5) **Paul a été aidé par la méchanceté des Juifs.** Les plus grandes réussites de Paul ont été ses lettres, qui sont encore importantes pour l'église dans le monde entier. C'est quand Paul était en prison, qu'il a pu écrire ces lettres à l'église. Notez qu'il a écrit ses lettres depuis sa prison.

« PAUL, PRISONNIER de Jésus Christ, et le frère Timothée, à Philémon, notre bien-aimé et notre compagnon d'œuvre, à la sœur Apphia, à Archippe, notre compagnon de combat, et À L'ÉGLISE QUI EST DANS TA MAISON. »

Philémon 1:1-2

6) **Paul a été aidé par le harcèlement du messager de Satan.** Par le biais de ce messager, qui était autorisé à le harceler, il a été empêché de commettre le péché d'orgueil. Par le biais de ce messager de Satan, les infirmités de Paul ont été amplifiées et la puissance de Christ dépendait de sa vie. Paul est devenu plus puissant et plus saint simplement grâce à cet ennemi, qui s'est acharné contre lui.

Et pour que je ne sois pas enflé d'orgueil, à cause de l'excellence de ces révélations, il m'a été mis une écharde dans la chair, UN ANGE DE SATAN pour me souffleter et m'empêcher de m'enorgueillir.

Trois fois j'ai prié le Seigneur de l'éloigner de moi, et il m'a dit : Ma grâce te suffit, car ma puissance s'accomplit dans la faiblesse et me glorifierai donc bien plus volontiers de mes faiblesses, afin QUE LA PUISSANCE DU CHRIST REPOSE SUR MOI.

2 Corinthiens 12:7-9

7) **David a été aidé par le roi Saül, relaps et possédé par le démon, pour devenir un psalmiste saint.** Les Psaumes de David constituent son œuvre la plus importante pour nous. Après des milliers d'années, le psalmiste saint nous parle grâce aux problèmes qu'il rencontra dans les épreuves et les persécutions du roi Saül.

8) **Daniel a été aidé par les accusations des princes et présidents du royaume de Darius.** Daniel prospéra et eut une faveur encore plus grande après qu'il est sorti de la fosse aux lions vivant. Le Dieu de Daniel fut respecté et accepté comme le seul vrai Dieu, après qu'il survécut à l'expérience dans la fosse aux lions. Dieu a utilisé la jalousie, la haine et l'affaiblissement de ses collègues pour mener Daniel à la position la plus élevée.

Après cela, le roi Darius écrivit à tous les peuples, à toutes les nations, aux hommes de toutes langues, qui habitaient sur toute la terre : Que la paix vous soit donnée avec abondance !

J'ordonne que, dans toute l'étendue de mon royaume, on ait de la crainte et de la frayeur pour le Dieu de Daniel. Car il est le Dieu vivant, et il subsiste éternellement ; son royaume ne sera jamais détruit, et sa domination durera jusqu'à la fin.

C'est lui qui délivre et qui sauve, qui opère des signes et des prodiges dans les cieux et sur la terre. C'est lui qui a délivré Daniel de la puissance des lions.

Daniel prospéra sous le règne de Darius, et sous le règne de Cyrus, le Perse.

Daniel 6:25-28

9) **Job a été aidé par les attaques destructrices de Satan pour devenir deux fois plus riche qu'il n'était.** À travers les attaques de Satan, Job a réussi à s'élever à l'apogée de la prospérité matérielle.

L'Éternel rétablit Job dans son premier état, quand Job eut prié pour ses amis ; et l'Éternel lui accorda le double de tout ce qu'il avait possédé.

Job 42:10

10) **Ruth a été aidée par la mort de son mari.** La mort est l'ennemi ultime de l'humanité. La mort força Ruth à revenir à Bethléem. C'est là qu'elle devint l'arrière-grand-mère de David, rejoignant la généalogie de Jésus-Christ.

Salmon engendra Boaz de Rahab; Boaz engendra Obed de Ruth ; Obed engendra Isaï; Isaï engendra David. Le roi David engendra Salomon de la femme d'Urie ;

Matthieu 1:5-6

Chapitre 7

« Celui qui a » recevra encore plus parce qu'il reconnaît la place de sa bénédiction

Jacob s'éveilla de son sommeil et il dit : CERTAINEMENT L'ÉTERNEL EST EN CE LIEU et moi, je ne le savais pas !

Genèse 28:16

Les bonnes choses qui sont dues dans votre vie sont liées à certains lieux. Tout au long de la Bible, Dieu demande aux gens de voyager loin de certains lieux ou de rester en certains lieux. Apparemment, les bénédictions ne peuvent se produire partout ! Les lieux physiques sont importants pour déterminer si vous pouvez bénéficier de certaines bénédictions. Lorsqu'un arbre est planté au mauvais endroit, il ne pousse pas bien. La Bible nous enseigne que nous sommes les arbres de la vertu, qui sommes plantés par l'Éternel. Nous avons été plantés en certains lieux pour des raisons particulières.

Jacob a reconnu que le Seigneur était à l'endroit où il avait dormi. Il a donc dit : « L'Éternel est en ce lieu, et moi, je le savais pas ».Vous devez être capable de reconnaître l'endroit où se trouve Dieu est, autant que vous le pouvez. Vous devez demeurer là où se trouve Dieu.

Isaac voyagea d'un endroit à l'autre jusqu'à ce qu'il trouve l'endroit que Dieu lui avait préparé. Il a appelé ce lieu Rehoboth. Il savait qu'il serait prospère, parce qu'il avait enfin trouvé l'endroit que Dieu lui destinait.

Il se transporta de là, et creusa un autre puits, pour lequel on ne chercha pas querelle ; et il l'appela Rehoboth, car, dit-il, l'Éternel nous a maintenant mis au large, et nous prospérerons dans le pays.

Genèse 26:22

Une fois que vous trouvez l'endroit que Dieu a conçu pour vous, vous devenez prospère. C'est la raison pour laquelle je transfère les pasteurs d'un endroit à l'autre. Je recherche leur Rehoboth, où ils prospéreront et s'épanouiront au sein du ministère. C'est la raison pour laquelle j'ai séjourné dans certains lieux, parce que j'ai senti que Dieu avait décidé de me faire prospérer dans ces lieux-là.

1. « CELUI QUI A » OBTIENDRA DAVANTAGE PARCE QU'IL RECONNAÎT QUAND DIEU A CHOISI DE LE FAIRE PROSPÉRER EN DEHORS DE SON PROPRE PAYS

Plusieurs personnes devinrent prospères lorsqu'elles voyagèrent hors de leur pays d'origine. Il est vrai que nul n'est prophète dans son propre pays. Auparavant, je pensais que toute la Bible était juste, à l'exception de ce verset. Pour une raison simple. Lorsque je tenais un service de guérison dans mon église, j'ai assisté à des miracles, à des signes et à des merveilles. Je n'ai ressenti aucun manque d'honneur dans ma propre maison ou dans mon église. Mais un jour, le Seigneur a organisé une autre croisade pour moi dans un pays lointain. Là, j'ai vu des yeux aveugles s'ouvrir, des personnes mutilées marcher et même des morts se lever. Puis j'ai compris que Dieu m'avait honoré en me montrant des miracles bien plus importants que lorsque j'étais dans ma propre église.

Sept personnages qui prospérèrent parce qu'ils voyagèrent loin de leur patrie

a. Abraham prospéra lorsqu'il voyagea loin de sa patrie.

Abram remonta d'Égypte vers le midi, lui, sa femme, et tout ce qui lui appartenait, et Lot avec lui. Abram était très riche en troupeaux, en argent et en or.

Genèse 13:1-2

b. Jacob prospéra lorsqu'il voyagea pour vivre avec son oncle Laban.

Je suis trop petit pour toutes les grâces et pour toute la fidélité dont tu as usé envers ton serviteur ; car j'ai passé ce Jourdain avec mon bâton, et maintenant je forme deux camps.

Genèse 32:10

c. Joseph devint le Premier Ministre lorsqu'il se rendit en Égypte en dépit de toutes les difficultés.

Alors Juda dit à ses frères : Que gagnerons-nous à tuer notre frère et à cacher son sang ?

Venez, vendons-le aux Ismaélites, et ne mettons pas la main sur lui, car il est notre frère, notre chair. Et ses frères l'écoutèrent.

Au passage des marchands madianites, ils tirèrent et firent remonter Joseph hors de la citerne; et ils le vendirent pour vingt sicles d'argent aux Ismaélites, qui L'EMMENÈRENT EN ÉGYPTE.

Genèse 37:26-28

PHARAON DIT À JOSEPH : VOIS, JE TE DONNE LE COMMANDEMENT DE TOUT LE PAYS D'ÉGYPTE.

Pharaon ôta son anneau de la main, et le mit à la main de Joseph; il le revêtit d'habits de fin lin, et lui mit un collier d'or au cou.

Il le fit monter sur le char qui suivait le sien ; et l'on criait devant lui : À genoux ! C'est ainsi que Pharaon lui donna le commandement de tout le pays d'Égypte.

Genèse 41:41-43

d. Lot devint prospère lorsqu'il voyagea avec Abraham vers la terre promise.

Abram était très riche en troupeaux, en argent et en or.

Il dirigea ses marches du midi jusqu'à Béthel, jusqu'au lieu où était sa tente au commencement, entre Béthel et Aï, au lieu où était l'autel qu'il avait fait précédemment. Et là, Abram invoqua le nom de l'Éternel.

LOT, QUI VOYAGEAIT AVEC ABRAL, AVAIT AUSSI DES BREBIS, DES BŒUFS ET DES TENTES.

Genèse 13:2-5

e. Ruth voyagea de Moab à Bethlehem et devint la femme prospère de Boaz et l'arrière-grand-mère du roi David.

Ruth répondit : Ne me presse pas de te laisser, de retourner loin de toi ! Où tu iras j'irai, où tu demeureras je demeurerai ; ton peuple sera mon peuple, et ton Dieu sera mon Dieu ;

où tu mourras je mourrai, et j'y serai enterrée. Que l'Éternel me traite dans toute sa rigueur, si autre chose que la mort vient à me séparer de toi !

Naomi, la voyant décidée à aller avec elle, cessa ses instances.

ELLES FIRENT ENSEMBLE LE VOYAGE JUSQU'À LEUR ARRRIVÉE À BETHLÉHEM.

Ruth 1:16-19

Salmon engendra Boaz de Rahab ; BOAZ ENGENDRA OBED DE RUTH ; Obed engendra Isaï ; ISAÏ ENGENDRA DAVID. Le roi David engendra Salomon de la femme d'Urie ;

Matthieu 1:5-6

f. Paul devint le premier et le grand missionnaire, parce qu'il voyagea si loin de chez lui.

Pendant qu'ils servaient le Seigneur dans leur ministère et qu'ils jeûnaient, le Saint Esprit dit : Mettez-moi à part Barnabas et Saul pour l'œuvre à laquelle je les ai appelés. Alors, après avoir jeûné et prié, ils leur imposèrent les mains, et les laissèrent partir.

Barnabas et Saul, envoyés par le Saint Esprit, descendirent à Séleucie, et de là ils S'EMBARQUÈRENT POUR L'ÎLE DE CHYPRE.

Arrivés à SALAMINE, ils annoncèrent la parole de Dieu dans les synagogues des Juifs. Ils avaient Jean pour aide.

Actes 13:2-5

g. Jésus commença à faire des miracles en guérissant les malades lorsqu'Il voyagea hors de Bethlehem vers la Galilée. Jésus n'était pas capable du même niveau de miracles dans sa propre patrie.

> Il ne put faire LÀ aucun miracle, si ce n'est qu'il imposa les mains à quelques malades et les guérit.
>
> Marc 6:5

> Sans doute vous m'appliquerez ce proverbe : Médecin, guéris-toi toi-même ; et vous me direz : FAIS ICI, DANS TA PATRIE, tout ce que nous avons appris que tu as fait à Capernaüm. Mais, ajouta-t-il, je vous le dis en vérité, aucun prophète n'est bien reçu dans sa patrie.
>
> Luc 4:23-24

2. « CELUI QUI A » RECONNAÎT L'IMPORTANCE DE DEMEURER DANS SA PROPRE PATRIE

Il est également possible de prospérer en restant dans son propre pays. Tout comme beaucoup ont prospéré en voyageant loin de leur foyer, beaucoup d'autres ont prospéré en y demeurant. Tout dépend de la volonté du Saint-Esprit.

Il n'y a pas de recette automatique dans le plan que Dieu a pour vous. Il peut être préférable pour vous de partir, ou il peut être préférable pour vous de demeurer. Certaines personnes prospèrent quand elles voyagent et d'autres prospèrent quand elles restent chez elles. Isaac prospéra quand il demeura parce que Dieu lui avait dit de rester au lieu de voyager loin de la région souffrant de la famine. Mais dans de nombreux autres cas, comme dans celui d'Abraham, c'est la volonté de Dieu qu'ils quittent leur foyer.

> Il y eut une famine dans le pays, outre la première famine qui eut lieu du temps d'Abraham ; et Isaac alla vers Abimélec, roi des Philistins, à Guérar. L'ÉTERNEL lui apparut, et dit : NE DESCENDS PAS EN ÉGYPTE, DEMEURE DANS LE PAYS que je te dirai :
>
> Genèse 26:1-2

Chapitre 8

« Celui qui a » obtiendra encore plus car il reconnaît la grâce de Dieu

Car la grâce de Dieu, source de salut pour tous les hommes, a été manifestée.

Tite 2:11

Il est important de reconnaître la grâce de Dieu, quand celle-ci se manifeste. Les gens ne reconnaissent pas la grâce de Dieu et n'en profitent pas. Dieu vous bénira et fera des choses dans votre vie qui sont la grâce de Dieu en action. Si vous ne reconnaissez pas cette grâce, vous l'ignorerez, la refuserez ou la rejetterez. Paul parla de la manière dont les apôtres avaient reconnu la grâce de Dieu qui était sur lui pour évangéliser les Gentils.

Et ayant RECONNU LA GRÂCE QUI M'AVAIT ÉTÉ ACCORDÉE, Jacques, Céphas et Jean, qui sont regardés comme des colonnes, me donnèrent, à moi et à Barnabas, la main d'association, afin que nous allassions, nous vers les païens, et eux vers les circoncis.

Ils nous recommandèrent seulement de nous souvenir des pauvres, ce que j'ai bien eu soin de faire.

Galates 2:9-10

Lorsque vous reconnaîtrez la grâce de Dieu, vous en profiterez beaucoup et vous vous développerez grâce à elle. Paul écrivit à Timothée pour lui demander de reconnaître la grâce de Dieu sur son ministère et d'y être fort. « Toi donc, mon enfant, fortifie-toi dans la grâce qui est en Jésus Christ » (2 Timothée 2:1).

Paul parla de la manière dont il avait reconnu la grâce de Dieu sur sa vie. Il avait reconnu la grâce de Dieu sur Timothée et lui avait demandé d'être fort dans cette grâce. Mais il pouvait reconnaître la grâce de Dieu sur son propre ministère et cela le faisait travailler encore plus. Il dit qu'il travaillait encore plus en raison de cette grâce. Lorsque que vous reconnaissez la grâce de Dieu, vous devez passer à l'action et travailler plus que jamais.

> **Par la grâce de Dieu je suis ce que je suis, et sa grâce envers moi n'a pas été vaine; loin de là, j'ai travaillé plus qu'eux tous, non pas moi toutefois, mais la grâce de Dieu qui est avec moi.**
>
> **1 Corinthiens 15:10**

1. RECONNAISSEZ LA GRÂCE DE DIEU QUI APPORTE DES MIRACLES SURNATURELS.

Les événements surnaturels peuvent bouleverser le cours de votre vie et vous faire passer du statut de personne pauvre, se débattant pour survivre à celui de magnat prospère. Élie a survécu grâce aux provisions apportées de manière surnaturelle par les corbeaux. (« Pars d'ici, dirige-toi vers l'orient, et cache-toi près du torrent de Kerith, qui est en face du Jourdain. Tu boiras de l'eau du torrent, et j'ai ordonné aux corbeaux de te nourrir là. Il partit et fit selon la parole de l'Éternel, et il alla s'établir près du torrent de Kerith, qui est en face du Jourdain. Les corbeaux lui apportaient du pain et de la viande le matin, et du pain et de la viande le soir, et il buvait de l'eau du torrent.1 Rois 17:3-6 »).

Les miracles que j'ai ressentis au cours de mon ministère ont grandement amélioré ma vie et m'ont permis d'être plus visible et plus accepté. Mon ministère a atteint un niveau plus élevé lorsque j'ai accédé au ministère des miracles, des signes et des merveilles. Que vous le vouliez ou non, les miracles attirent les foules auprès d'un pasteur. Vous serez surpris de constater à quel point Dieu vous fera prospérer, vous et votre ministère lorsque vous accepterez ce que les miracles surnaturels peuvent faire pour vous.

2. RECONNAISSEZ LA GRÂCE DE DIEU QUI VOUS A FAIT CERTAINS DONS.

Vous pouvez également prospérer grâce à des dons. Notre fierté nous dit que nous devons gagner tout ce que nous avons. Nous aimons nous vanter des efforts que nous avons faits pour obtenir ce que nous avons. Mais Dieu peut vous rendre riche grâce aux dons qu'Il veut vous faire. J'ai bénéficié de nombreux cadeaux dans ma vie et au cours de mon ministère. Depuis plusieurs années, j'utilise des voitures qui m'ont été offertes. Je ne pouvais pas m'offrir une voiture, mais j'ai prospéré grâce aux cadeaux qu'on m'a donnés.

Salomon, le nouveau roi, reçut des cadeaux qui devinrent une bénédiction pour lui. En effet, Salomon a prospéré en raison des dons qu'il a reçus. Salomon a reçu des dons de bois de Hiram, l'ami de son père. La reine de Saba a également donné des cadeaux à Salomon. Et en effet, Salomon est devenu riche grâce aux dons qu'il a reçus.

> Et Hiram fit répondre à Salomon : J'ai entendu ce que tu m'as envoyé dire. Je ferai tout ce qui te plaira au sujet des bois de cèdre et des bois de cyprès.
>
> Mes serviteurs les descendront du Liban à la mer, et je les expédierai par mer en radeaux jusqu'au lieu que tu m'indiqueras; là, je les ferai délier, et tu les prendras. Ce que je désire en retour, c'est que tu fournisses des vivres à ma maison.
>
> Hiram donna à Salomon des bois de cèdre et des bois de cyprès autant qu'il en voulut.
>
> 1 Rois 5:8-10

> Elle donna au roi cent vingt talents d'or, une très grande quantité d'aromates et des pierres précieuses. Il n'y eut plus d'aromates tels que ceux donnés au roi Salomon par la reine de Séba.
>
> Les serviteurs de Huram et les serviteurs de Salomon, qui apportèrent de l'or d'Ophir, amenèrent aussi du bois de santal et des pierres précieuses.
>
> Le roi fit avec le bois de santal des escaliers pour la maison de l'Éternel et pour la maison du roi, et des harpes et des luths pour les chantres. On n'en avait pas vu de semblable auparavant dans le pays de Juda.
>
> 2 Chroniques 9:9-11

3. RECONNAISSEZ LA GRÂCE DE DIEU QUI VOUS A DONNÉ UNE CERTAINE PROFESSION.

> Et, comme il avait le même métier, il demeura chez eux et y travailla : ILS ÉTAIENT FAISEURS DE TENTES.
>
> Actes 18:3

Malheureusement, aujourd'hui avoir une éducation et avoir appris une profession ne garantit pas d'avoir un emploi. Parce que beaucoup d'entre nous ne sont pas capables de penser en dehors des possibilités offertes par la profession pour laquelle nous avons été formés, nous manquons souvent les nombreuses autres manières par lesquelles Dieu assure notre prospérité.

Cet ouvrage est destiné à vous ouvrir les yeux, pour voir les autres moyens par lesquels Dieu peut vous apporter la prospérité. C'est ce que le Seigneur a dit à Adam.

« Et Dieu dit : Voici, je vous donne toute herbe portant de la semence et qui est à la surface de toute la terre, et tout arbre ayant en lui du fruit d'arbre et portant de la semence : ce sera votre nourriture… » (Genèse 1:29). Voilà ce que le Seigneur nous dit aujourd'hui.

Ouvrez les yeux. Regardez autour de vous et vous verrez que j'ai fait ce qu'il fallait pour que vous puissiez prospérer. Que le Seigneur ouvre vos yeux pour voir les différentes façons dont la prospérité peut venir à vous !

4. RECONNAISSEZ LA GRÂCE DE DIEU QUI VOUS EST DONNÉE PAR VOTRE MINISTÈRE.

> De même aussi, le Seigneur a ordonné à ceux qui annoncent l'Évangile de vivre de l'Évangile.
>
> 1 Corinthiens 9:14

Obéir à l'appel de Dieu, peut vous aider à prospérer. Dieu a ordonné que les prédicateurs vivent de leur vocation au ministère. Beaucoup pensent que les prêtres ne devraient rien avoir parce qu'ils ne font « rien ». Mais ce sont les pensées d'un ignare. Ne pas permettre aux prêtres qui travaillent dur de prospérer contreviendrait à la loi qui fait que l'on récolte ce que l'on sème. Pourquoi un prêtre devrait-il semer des graines pour se faire entendre dire qu'il ne devrait rien récolter ?

Les prêtres modernes semblent être à l'opposé des prêtres de la Bible. Certains prêtres modernes ont des voitures, des maisons et des richesses. À cause de cela, les pasteurs modernes sont critiqués comme étant des charlatans et des hypocrites.

En examinant de plus près les lois de Moïse, on voit que les Lévites ne devaient *recevoir aucune partie* de terre résultant de la conquête de la terre promise. Cependant, en regardant de plus près la loi de Moïse, on voit comment les Lévites possédaient effectivement des terres qui leur avaient été données par le peuple (provenant du Seigneur).

La Bible montre clairement que les Lévites possédaient réellement des terres et du bétail. C'est la manière dont ils sont venus à posséder des terres qui était différente. Les Lévites (révérends, prêtres, évêques, pasteurs) devaient posséder quarante-huit villes au total. Ils devaient avoir des pâturages pour leurs troupeaux. Cela montre que les Lévites possédaient en fait terres, villes et bétail. Ne soyez pas contrarié quand vous voyez que le Seigneur a donné à certains pasteurs des terres, des villes et des troupeaux.

> L'Éternel parla à Moïse, dans les plaines de Moab, près du Jourdain, vis-à-vis de Jéricho. Il dit : « Ordonne aux enfants d'Israël d'accorder aux Lévites, sur l'héritage qu'ils posséderont, des villes où ils puissent habiter. Vous donnerez aussi aux Lévites une banlieue autour de ces villes.
>
> ILS AURONT LES VILLES POUR Y HABITER ET LES BANLIEUES SERONT POUR LEUR BÉTAIL, POUR LEURS BIENS ET POUR TOUS LEURS ANIMAUX.
>
> Les banlieues des villes que vous donnerez aux Lévites auront, à partir du mur de la ville et au dehors, mille coudées tout autour. Vous mesurerez, en dehors de la ville, deux mille coudées pour le côté oriental, deux mille

coudées pour le côté méridional, deux mille coudées pour le côté occidental, et deux mille coudées pour le côté septentrional. La ville sera au milieu. TELLES SERONT LES BANLIEUES DE LEURS VILLES.

Parmi les villes que vous donnerez aux Lévites, il y aura six villes de refuge où pourra s'enfuir le meurtrier, et quarante-deux autres villes. Total des villes que vous donnerez aux Lévites : quarante-huit villes, avec leurs banlieues. »

Nombres 35:1-7

5. *RECONNAISSEZ LA GRÂCE DE DIEU QUI VOUS A DONNÉ UN SAVOIR SPÉCIALISÉ.*

Il y avait quelques jeunes hommes israéliens qui profitaient de la vie au palais du roi en raison de la connaissance spéciale et de la sagesse qu'ils possédaient. Peut-être Dieu vous a-t-il donné la capacité spéciale de jouer du piano, de jouer au golf ou de parler une langue étrangère. Vous serez surpris de découvrir que Dieu a voulu vous bénir à travers ces compétences et ces connaissances spéciales.

Le roi donna l'ordre à Aschpenaz, chef de ses eunuques, d'amener quelques-uns des enfants d'Israël de race royale ou de famille noble,

de jeunes garçons sans défaut corporel, beaux de figure, DOUÉS DE SAGESSE, D'INTELLIGENCE ET D'INSTRUCTION, capables de servir dans le palais du roi, et à qui l'on enseignerait les lettres et la langue des Chaldéens.

Le roi leur assigna pour chaque jour une portion des mets de sa table et du vin dont il buvait, voulant les élever pendant trois années, au bout desquelles ils seraient au service du roi.

Il y avait parmi eux, d'entre les enfants de Juda, Daniel, Hanania, Mischaël et Azaria.

Daniel 1:3-6

6. RECONNAISSEZ LA GRÂCE DE DIEU QUI VOUS PERMET DE PROSPÉRER À TRAVERS UNE ACTIVITÉ POUR LAQUELLE VOUS N'AVEZ PAS EU DE FORMATION.

La prospérité peut ne pas provenir de ce que vous avez appris à l'école. Acceptez ce fait rapidement et ouvrez-vous à ce que Dieu vous offre. Jésus a été formé pour être un charpentier (« N'est-ce pas le charpentier, le fils de Marie… » Marc 6:3) mais Il est devenu un ministre de l'Évangile. Ses besoins n'étaient pas satisfaits par le travail de menuiserie. Ses besoins ont été comblés de la même manière que les besoins de tous ses ministres ont été comblés : par le biais de dons, d'offrandes et de biens administrés à lui par le peuple.

Jeanne, femme de Chuza, intendant d'Hérode, Susanne, et plusieurs autres, qui l'assistaient de leurs biens.

Luc 8:3

La plupart des personnes ayant réussi que je connais ont travaillé dans des domaines pour lesquels ils n'étaient pas formés. J'ai été formé pour être médecin, mais je ne vis pas de la pratique de la médecine. Le ministère me fait vivre. La plupart des présidents que je connais ont été formés dans différents domaines, mais la politique est ce qui les fait vivre. Au cours d'une élection présidentielle, j'ai pu compter six médecins, y compris des chirurgiens cardiologues qui voulaient être présidents du Ghana. Leur désir d'être président n'est pas mauvais. C'est simplement un autre exemple de la manière dont les gens sont formés à une chose et prospèrent grâce à quelque chose d'autre.

7. RECONNAISSEZ LA GRÂCE DE DIEU QUI VOUS A DONNÉ DES CAPACITÉS PARTICULIÈRES.

Dieu peut vous donner la capacité spéciale de faire certaines choses. Peut-être que vous pourrez chanter, que vous pourrez peindre ou que vous pourrez jouer d'instruments de musique. Il s'agit de toutes les capacités spéciales que Dieu peut vous avoir données. Si vous reconnaissez que la grâce de Dieu vous a donné des capacités spéciales, vous les entretiendrez et prospérerez grâce à elles. Vous pourrez recevoir la grâce de Dieu pour prospérer. Voyez cette intéressante histoire qui traite de quelqu'un qui a utilisé son talent artistique pour s'échapper et prospérer.

La liberté de l'artiste

Un jour, par loisir, le peintre de la renaissance italienne Fra Filippo Lippi (1406-1469) et quelques amis partirent naviguer à bord d'un petit bateau au large d'Ancône. Ils furent capturés par deux galères mauresques, qui les transportèrent enchaînés jusqu'à la Barbarie, où ils furent vendus comme esclaves. Pendant dix-huit longs mois, Filippo se lamenta de ne pouvoir retourner en Italie.

À plusieurs reprises, Filippo vit passer l'homme qui l'avait enlevé, et un jour il décida d'esquisser son portrait, à l'aide d'un charbon de bois. Toujours enchaîné, il trouva un mur blanc, où il dessina une image intégrale de son ravisseur en vêtements mauresques. Ce dernier en entendit bientôt parler, car personne n'avait vu un tel talent de dessinateur dans cette région. Cela ressemblait à un miracle, à un don de Dieu. Le dessin plut tant au ravisseur qu'il rendit immédiatement à Filippo sa liberté et l'employa à sa cour. Tous les grands hommes sur la côte de Barbarie vinrent voir les magnifiques portraits colorés que Fra Filippo faisait alors, et finalement, en signe de gratitude pour l'honneur que le peintre lui valut, le ravisseur transporta Filippo en toute sécurité en Italie.

Comme Fra Filippo (même si c'est dans une moindre mesure), la plupart d'entre nous possèdent un don, un talent, une capacité à faire quelque chose de mieux que d'autres. Utilisez votre talent comme un tremplin. Cette « capacité spéciale » que Dieu vous a donnée peut acheter votre liberté et vous donner la prospérité et la bénédiction dont vous avez besoin.

Certains ont comme principal don l'attention, le tact, la diplomatie, la prudence et la maturité.

Il se peut que Dieu vous bénisse avec un don particulier. L'on doit apprendre à utiliser ses compétences afin de prospérer. Il se peut que votre prospérité ne vienne pas par le biais de votre éducation, mais par la compétence dont Dieu vous fait bénéficier. Les enfants de Juda ont été dotés de compétences qui les distinguaient.

> Le roi donna l'ordre à Aschpenaz, chef de ses eunuques, d'amener quelques-uns des enfants d'Israël de race royale ou de famille noble, de jeunes garçons sans défaut corporel, beaux de figure, DOUÉS DE SAGESSE, D'INTELLIGENCE ET D'INSTRUC-TION, capables de servir dans le palais du roi, et à qui l'on enseignerait les lettres et la langue des Chaldéens.
>
> Le roi leur assigna pour chaque jour une portion des mets de sa table et du vin dont il buvait, voulant les élever pendant trois années, au bout desquelles ils seraient au service du roi.
>
> Il y avait parmi eux, d'entre les enfants de Juda, Daniel, Hanania, Mischaël et Azaria.
>
> Daniel 1:3-6

8. *RECONNAISSEZ LA GRÂCE DE DIEU QUI VOUS A RENDU BEAU.*

> Lorsque son tour d'aller vers le roi fut arrivé, Esther, fille d'Abichaïl, oncle de Mardochée qui l'avait adoptée pour fille, ne demanda que ce qui fut désigné par Hégaï, eunuque du roi et gardien des femmes. ESTHER TROUVAIT GRÂCE AUX YEUX DE TOUS CEUX QUI LA VOYAIENT.
>
> Esther fut conduite auprès du roi Assuérus, dans sa maison royale, le dixième mois, qui est le mois de Tébeth, la septième année de son règne.
>
> Le roi aima Esther plus que toutes les autres femmes, et elle obtint grâce et faveur devant lui plus que toutes les autres jeunes filles. Il mit la couronne royale sur sa tête, et la fit reine à la place de Vasthi.
>
> Esther 2:15-17

Que vous le vouliez ou non, votre apparence affecte la faveur que vous obtenez. Beaucoup sont embauchés en raison de leur apparence. Il se peut que vous ne l'acceptiez pas, mais c'est un fait, même dans l'église.

Toute personne qui ne prend pas son apparence au sérieux ne prend pas sa prospérité au sérieux. Vous pouvez occuper un emploi revenant à une personne plus qualifiée en prenant votre apparence au sérieux. Il y a beaucoup d'emplois qu'une personne plus qualifiée pourrait faire. Vous devez considérer votre beauté comme un atout important qui vous est donné par le Seigneur pour vous aider à ouvrir des portes.

Ce n'est pas un secret, les personnes grosses sont considérées comme étant paresseuses, lentes, trop vieilles, indisciplinées et manquant de maîtrise de soi. Cette perception peut être fausse, mais elle est généralisée.

Il est temps de prendre votre apparence au sérieux. Être trop gros peut ne pas simplement vous coûter plus de tissu pour faire votre manteau, cela peut réellement vous coûter votre emploi.

9. RECONNAISSEZ LA GRÂCE DE DIEU QUI REND UNE PERSONNE GENTILLE À VOTRE ÉGARD.

> Donnez, et il vous sera donné: on versera dans votre sein une bonne mesure, serrée, secouée et qui déborde; car on vous mesurera avec la mesure dont vous vous serez servis.
>
> Luc 6:38

Tout le monde n'est pas gentil. La plupart des gens sont pleins de cruauté. Dieu enverra des gens qui feront preuve de bonté à votre égard. Dieu peut vous venir en aide grâce à la bonté et la compassion des autres. L'une des célèbres lois de Moïse révèle l'esprit de Jéhovah. Dieu attend de ceux qui sont riches qu'ils laissent leurs richesses avoir un impact sur les plus démunis autour d'eux. Dieu ne s'attend pas à ce que les riches soient avares et calculateurs lorsqu'ils ont affaire à des pauvres. « Quand vous ferez la moisson dans votre pays, tu laisseras un coin de ton champ sans le moissonner, et tu ne ramasseras pas ce qui reste à glaner. Tu abandonneras cela au pauvre et à l'étranger. Je suis l'Éternel, votre Dieu. » (Lévitiques 23:22).

Ils doivent fermer les yeux sur beaucoup de choses et permettre aux pauvres d'en profiter. Ils doivent agir comme si ils ne connaissaient pas leurs possessions légitimes. Ils doivent agir comme s'ils ne remarquaient pas que certains de leurs profits sont perdus. Dieu veut laisser prospérer les pauvres grâce à la richesse excessive des gens bienheureux.

10. RECONNAISSEZ LA GRÂCE DE DIEU QUI VOUS DONNE LA FAVEUR.

La faveur est lorsque quelqu'un vous aime sans bonne raison. Vous pouvez prospérer parce que quelqu'un vous estime favorablement. Esther était parmi des milliers de dames disponibles et disposées, et elle a été choisie. Pour-quoi ? Qu'avait-elle que d'autres n'avaient pas ? La réponse était « la faveur ».

> Esther fut conduite auprès du roi Assuérus, dans sa maison royale, le dixième mois, qui est le mois de Tébeth, la septième année de son règne. Le roi aima Esther plus que toutes les autres femmes, et elle OBTINT GRÂCE ET FAVEUR devant lui plus que toutes les autres jeunes filles. Il mit la couronne royale sur sa tête, et la fit reine à la place de Vasthi.
>
> Esther 2:16-17

11. RECONNAISSEZ LA GRÂCE DE DIEU QUI VOUS A DONNÉ UNE COMPRÉHENSION DE PROBLÈMES COMPLEXES.

> Un flot appelle un autre flot au bruit de tes ondées ; Toutes tes vagues et tous tes flots passent sur moi.
>
> Psaumes 42:7

La capacité à comprendre ce qui se passe peut également générer de la richesse. Tous les leaders recherchent des personnes qui ont une certaine profondeur de raisonnement. Chaque fois qu'ils trouvent quelqu'un qui peut raisonner d'une certaine manière ils promeuvent la personne et se lient à elle. Les écritures nous enseignent que « la profondeur appelle la profondeur ». *Les leaders sont réfléchis et se lient avec des personnes qui sont tout aussi réfléchies.* Le leader à la réflexion profonde appelle quelqu'un qui est tout aussi profond. Le roi David avait un ami appelé Ahithophel, avec qui il eut une amitié douce et profonde. Le roi Salomon avait un ami appelé Zabud. Ahitophel et Zabud devaient être suffisamment profonds pour se lier à des rois.

12. RECONNAISSEZ LA GRÂCE DE DIEU QUI VOUS FAIT OCCUPER UN EMPLOI SPÉCIAL.

> Mieux vaut un jour dans tes parvis que mille ailleurs ; Je préfère me tenir sur le seuil de la maison de mon Dieu, Plutôt que d'habiter sous les tentes de la méchanceté.
>
> Psaumes 84:10

L'emploi que vous occupez peut devenir une grande source de prospérité. David l'a reconnu lorsqu'il a dit qu'il préférerait être un portier dans la maison de l'Éternel que de vivre dans des tentes de la méchanceté. Il est important de reconnaître ce que Dieu a choisi d'utiliser pour vous bénir. Parfois, vous avez un poste qui est stratégiquement plus important que le travail lui-même.

Comme Néhémie, vous pourriez être le secrétaire du roi. L'emploi d'un secrétaire lui-même ne peut être prestigieux, mais être le secrétaire d'un roi peut ouvrir des perspectives plus importantes que celles d'un directeur de banque. Parfois, la situation devient plus importante que le travail lui-même. Être la tête d'une fourmi est encore plus petit qu'être la queue d'un éléphant.

Reconnaissez quand Dieu vous bénit par un positionnement stratégique. Coulez-vous dans le poste que Dieu vous a accordé et profitez-en. Cela peut vous donner accès à toutes les bénédictions de la vie.

Au mois de Nisan, la vingtième année du roi Artaxerxès, comme le vin était devant lui, je pris le vin et je l'offris au roi. Jamais je n'avais paru triste en sa présence...

Et le roi me dit : Que demandes-tu ? Je priai le Dieu des cieux, et je répondis au roi : Si le roi le trouve bon, et si ton serviteur lui est agréable, envoie-moi en Juda, vers la ville des sépulcres de mes pères, pour que je la rebâtisse.

Néhémie 2:1,4-5

13. RECONNAISSEZ LA GRÂCE DE DIEU QUI VOUS VIENT DE LA NATURE.

C'est le plus ancien moyen par lequel les hommes deviennent prospères. Grâce aux animaux, Il a fourni aux hommes de quoi manger.

Grâce aux plantes, Dieu a donné aux fils de l'homme de quoi manger. Dans les sociétés primitives, les gens cherchent rarement au-delà de ce que la nature leur offre tout autour. Ils dépendent simplement de la création et de ce qu'elle a à offrir : ils récoltent les plantes que Dieu a créées, ils tuent et mangent les animaux que Dieu a mis sur la terre, ils extraient l'or, le cuivre, le manganèse et les diamants du sol et enfin, ils exploitent le pétrole qu'ils trouvent sous l'océan.

C'est la forme la plus élémentaire des dons de Dieu et c'est ce qu'on rencontre essentiellement dans le tiers monde. Les personnes qui dépendent de ce type de système sont généralement pauvres.

Et Dieu dit : VOICI, JE VOUS DONNE TOUTE HERBE PORTANT DE LA SEMENCE voici, je vous donne toute herbe portant de la semence et qui est à la surface de toute la terre, et tout arbre…

Genèse 1:29

14. RECONNAISSEZ LA GRÂCE DE DIEU QUI VOUS VIENT PAR L'ÉGLISE DE DIEU.

La multitude de ceux qui avaient cru n'était qu'un cœur et qu'une âme. Nul ne disait que ses biens lui appartinssent

> en propre, mais tout était commun entre eux. Les apôtres rendaient avec beaucoup de force témoignage de la résurrection du Seigneur Jésus. Et une grande grâce reposait sur eux tous. CAR IL N'Y AVAIT PARMI EUX AUCUN INDIGENT : tous ceux qui possédaient des champs ou des maisons les vendaient, apportaient le prix de ce qu'ils avaient vendu.
>
> Actes 4:32-34

Le passage ci-dessus montre combien de gens ont été soutenus par l'église. Au Ghana, pendant la famine de 1983, la nation a été grandement aidée par l'Église catholique. Par le biais du Catholic Relief Services, beaucoup de gens ont reçu une aide alimentaire.

En effet, vous pouvez aussi être bénis à travers votre église. L'église est un lieu pour recevoir l'onction spirituelle. L'église n'est pas une source d'emplois et ne prête pas d'argent. Cependant, Dieu a béni aussi certaines personnes par le biais de l'église. Certaines personnes ont trouvé la prospérité en étant dans une église ou en étant associées à elle.

15. RECONNAISSEZ LA GRÂCE DE DIEU QUI VOUS VIENT PAR VOTRE HÉRITAGE.

En effet, Dieu peut vous donner tout ce dont vous avez besoin par l'intermédiaire de votre héritage. Isaac est devenu riche parce que son père lui a donné toutes ses possessions.

> ABRAHAM DONNA TOUS SES BIENS À ISAAC.
>
> Il fit des dons aux fils de ses concubines; et, tandis qu'il vivait encore, il les envoya loin de son fils Isaac du côté de l'orient, dans le pays d'Orient.
>
> Voici les jours des années de la vie d'Abraham : il vécut cent soixante quinze ans.
>
> Genèse 25:5-7

Chapitre 9

« Celui qui a » obtiendra encore plus parce qu'il est un bâtisseur

Sept raisons pour lesquelles construire des maisons revient à suivre la Bible

1. **Jésus nous a enseigné qu'il était étrange que les renards et les oiseaux aient une maison, tandis qu'un homme n'en avait pas.** Il nous a appris que les renards doivent avoir des tanières, les oiseaux, des nids et les hommes, des maisons.

   Jésus lui répondit : Les renards ont des tanières, et les oiseaux du ciel ont des nids, mais le Fils de l'homme n'a pas un lieu où il puisse reposer sa tête.

   Luc 9:58

2. **La Bible nous enseigne qu'un bon berger conduit ses brebis au logis le plus approprié.** Le logis le plus approprié pour un mouton est le vert pâturage, et le logis le plus approprié pour un être humain est une maison.

   Il me fait reposer dans de verts pâturages, Il me dirige près des eaux paisibles.

   Psaumes 23:2

3. **La Bible nous enseigne le besoin qu'ont les chrétiens de donner à leurs enfants une maison en héritage.** Si vous n'avez pas de maison, comment pouvez-vous laisser une maison en héritage à vos enfants ? Comment pouvez-vous être un bon père et laisser un héritage à vos enfants si vous ne disposez pas d'une maison ?

On peut hériter de ses pères une maison et des richesses,
Mais une femme intelligente est un don de l'Éternel.

Proverbes 19:14

4. **Dans les temps passés, Dieu s'est exprimé à travers ses prophètes, demandant à son peuple de se bâtir une maison pour lui-même.**

   Bâtissez des maisons, et habitez-les; plantez des jardins, et mangez-en les fruits.

   Jérémie 29:5

5. **La capacité à bâtir une maison est décrite comme une bénédiction spécifique provenant de Dieu.**

   Parce que les sages-femmes avaient eu la crainte de Dieu, Dieu fit prospérer leurs maisons.

   Exode 1:21

6. **La capacité à bâtir une maison est vue comme un fruit de la sagesse de Dieu.** Si vous vous emplissez de la sagesse de Dieu, vous serez capable de bâtir une maison.

   C'est par la sagesse qu'une maison s'élève, Et par l'intelligence qu'elle s'affermit :

   Proverbes 24:3

7. **Jésus dit qu'il donnerait à ses disciples des maisons pour les récompenser de l'avoir suivi.**

   Jésus répondit : Je vous le dis en vérité, il n'est personne qui, ayant quitté, à cause de moi et à cause de la bonne nouvelle, sa maison, ou ses frères, ou ses sœurs, ou sa mère, ou son père, ou ses enfants, ou ses terres, ne reçoive au centuple, présentement dans ce siècle-ci, DES MAISONS, des frères, des sœurs, des mères, des enfants, et des terres, avec des persécutions, et, dans le siècle à venir, la vie éternelle.

   Marc 10:29-30

Pourquoi les riches bâtissent des maisons

1. **Pour les riches, bâtir une maison est une des priorités absolues. Les riches reconnaissent la bonne saison pour bâtir.**

   Très peu de gens dans ce monde bâtissent des maisons pour eux-mêmes. Une des raisons pour lesquelles ils ne bâtissent pas de maisons est qu'ils attendent sans cesse la bonne saison pour bâtir. Mais le meilleur moment pour bâtir une maison est maintenant. Il n'y a jamais eu, et il n'y aura jamais assez d'argent. Maintenant est le meilleur moment pour bâtir, et les riches bâtissent toujours *maintenant.*

   Un temps pour tuer, et un temps pour guérir ; un temps pour abattre, ET UN TEMPS POUR BÂTIR.

   Ecclésiastes 3:3

2. **Les riches bâtissent des maisons parce qu'ils ne poursuivent pas des chimères.**

   Celui qui cultive son champ est rassasié de pain, mais celui qui poursuit des choses vaines est rassasié de pauvreté.

   Proverbes 28:19

   Les gens riches ne poursuivent pas des projets imaginaires. Certaines personnes sont pleines de plans et de projets. Elles peuvent parler des heures de leurs projets et de ce fonctionnera, selon elles. En général, ces personnes accomplissent peu de choses elles-mêmes. Elles ne bâtissent jamais de maison.

   Il suffit de vous retrousser les manches et de faire ce qu'il y a à faire. Ceux qui préparent un voyage à l'étranger pendant des années au lieu d'aller à l'école qui se trouve à proximité ne parviennent pas souvent à réaliser grand-chose.

3. **Les riches bâtissent des maisons parce qu'ils ne s'adonnent pas aux plaisirs.**

   Celui qui aime la joie reste dans l'indigence ; Celui qui aime le vin et l'huile ne s'enrichit pas.

   Proverbes 21:17

Ceux qui aiment le plaisir ne peuvent pas bâtir de maison. Le plaisir est coûteux et il faut beaucoup d'argent pour passer un « bon moment ». Les maisons sont également chères et nécessitent l'investissement le plus lourd. Ceux qui s'adonnent au plaisir de boire et de manger, de porter des vêtements chers, de posséder des voitures chères, n'auront simplement pas assez d'argent pour bâtir une maison. Ces éléments de luxe équivalent au coût d'une maison. En réalité, beaucoup de voitures coûtent plus cher qu'une maison. Souvent, il faut choisir entre vivre dans le plaisir et être le propriétaire d'une maison. Les gens riches choisissent de bâtir des maisons plutôt que de dépenser leur argent pour un luxe éphémère.

4. Les riches bâtissent des maisons parce qu'ils sont frugaux.

La frugalité est essentielle pour construire une maison. Les riches construisent des maisons parce qu'ils sont économes. Les personnes frugales économisent constamment de l'argent. Ils ne veulent rien gaspiller, même s'ils possèdent beaucoup.

Il est intéressant de noter que les nations pauvres gaspillent leurs ressources en eau en dilapidant la majeure partie de leur eau.

Les pauvres gaspillent leur argent en laissant la lumière et les gadgets électriques allumés même quand ils n'en ont pas besoin.

Les nations pauvres gaspillent leurs ressources humaines en poussant les personnes plus riches et les plus qualifiées à s'expatrier.

5. Les riches bâtissent des maisons parce qu'ils prient pour la sagesse.

Il est difficile de croire que l'argent n'est pas un élément clé pour la construction d'une maison. Il est impossible de bâtir pour la plupart des gens. C'est pourquoi vous avez besoin de la sagesse qui vous permet de surmonter les choses impossibles. Mon beau-père, âgé de 80 ans, a dit un jour : « Une maison est construite par la sagesse et non par l'argent ». Il construisit de nombreuses maisons de son vivant, alors il savait de quoi il parlait. Mais Salomon l'avait déjà dit. Il avait dit :

C'est par la sagesse qu'une maison s'élève, Et par l'intelligence qu'elle s'affermit ; C'est par la science que les chambres se remplissent de tous les biens précieux et agréables.

Proverbes 24:3-4

6. **Les riches bâtissent leur propre maison une fois qu'ils ont bâti la maison de Dieu.**

Les gens qui deviennent riches ont le sens des priorités. La maison de Dieu vient avant votre propre maison. Salomon, l'homme le plus riche du monde, construisit la maison de Dieu avant de construire sa propre maison. L'expérience qu'il avait accumulée durant la construction de la maison de Dieu lui a été utile pour construire sa propre maison.

La construction de la maison de Dieu sera une étape pour la construction de votre propre maison.

Salomon bâtit encore sa maison, ce qui dura treize ans jusqu'à ce qu'IL L'EÛT ENTIÈREMENT ACHEVÉE.

1 Rois 7:1

7. **Les riches bâtissent des maisons parce qu'ils savent que c'est le meilleur investissement.**

Lorsque les gens ont un peu d'argent, ils ne savent souvent pas quoi faire avec. Ils le placent souvent au mauvais endroit. La plupart des gens font mal les choses avec l'argent qu'ils ont. La plupart d'entre nous ne comprenons pas ce que signifie vraiment le mot « immobilier ». Il y a de nombreux biens mobiles. Ces biens mobiles peuvent s'échapper du jour au lendemain et faire d'un homme riche un homme pauvre. Les seuls bien sûrs et permanents sur cette terre sont les biens immobiliers.

8. Les riches bâtissent des maisons parce qu'ils utilisent ce que Dieu leur a fourni.

Dieu a donné quelque chose à tout le monde. Il vous a donné quelque chose et cela vous permettra de réaliser quelque chose vous-même.

Au lieu de vous inquiéter et de vous occuper sans cesse de ce que vous n'avez pas, regardez autour de vous et voyez ce que Dieu vous a donné. Peut-être qu'Il ne vous a pas donné ce qu'il a donné à d'autres. Mais il vous a donné quelque chose.

Et Dieu dit : Voici, je vous donne toute herbe portant de la semence et qui est à la surface de toute la terre, et tout arbre ayant en lui du fruit d'arbre et portant de la semence : ce sera votre nourriture.

Genèse 1:29

9. Les riches bâtissent des maisons parce qu'ils ont l'humilité de bâtir lentement, comme ceux qui bâtissent sur un roc.

Évidemment, bâtir sur le sable serait beaucoup plus rapide que de construire sur un roc. En fait, cela prend beaucoup de temps de construire une fondation sur un roc. Une construction solide prend beaucoup de temps. Vous devez être prêt à passer un long moment à construire votre maison. Vous ne devez pas vous attendre à réaliser des choses en un temps court.

Il existe une sorte d'hommes qui veulent simplement louer une maison dans l'instant présent. Ils ne veulent pas retrousser leurs manches et bâtir quoi que ce soit. Ils veulent paraître avoir réussi dès aujourd'hui. Le fait de sembler avoir réussi et de paraître avoir une situation coûte à ces gens la vraie prospérité. Le prix de l'apparence de la réussite rapide est souvent le prix d'une maison.

Il est semblable à un homme qui, bâtissant une maison, a creusé, creusé profondément, et a posé le fondement sur le roc. Une inondation est venue, et le torrent s'est jeté contre cette maison, sans pouvoir l'ébranler, parce qu'elle était bien bâtie.

Luc 6:48

10. Les riches bâtissent des maisons parce qu'ils sont pragmatiques.

Vous souhaitez peut-être vivre dans un manoir bâti sur une colline. Mais il se peut que vous ne puissiez pas pratiquement construire la maison de vos rêves. Vous devez être réaliste et faire ce que vous pouvez faire à cet instant. Peu à peu, vous bâtirez de plus en plus grand. Et Dieu vous conduira de victoire en victoire et de gloire en gloire. La vie est ainsi faite que vous n'avez pas ce que vous désirez vraiment. Souvent, vous ne pouvez pas posséder la voiture que vous désirez vraiment ou vous ne pouvez vivre dans la maison que vous aimez vraiment. En outre, la plupart des gens ne sont pas mariés avec la personne qu'ils aiment vraiment. Ceux qui attendent « l'idéal » n'atteignent jamais le « réel ».

Vous n'aurez jamais l'argent dont vous avez vraiment besoin. La plupart des gens ne pourront jamais employer un bâtisseur. Beaucoup de gens devront affronter les difficultés de la vie et construire une maison en même temps. Si vous attendez le bon moment, quand tout va bien et que l'argent coule à flot, vous ne pourrez jamais bâtir quoi que ce soit. Néhémie a dû se battre et construire en même temps.

« Ceux qui BÂTISSAIENT la muraille, et ceux qui portaient ou chargeaient les fardeaux, TRAVAILLAIENT D'UNE MAIN ET TENAIENT UNE ARME DE L'AUTRE. »

Néhémie 4:17

11. Les riches bâtissent des maisons parce qu'ils sont capables de travailler de longues heures.

Néhémie travailla de longues heures. Beaucoup de gens riches travaillent de longues heures. Le principe est le même. Si vous semez des graines pendant de nombreuses heures, vous aurez semé beaucoup plus de graines que quelqu'un qui n'a semé que quelques heures. De toute évidence, vous récolterez beaucoup plus en travaillant longtemps. Les riches travaillent de longues heures et cela leur permet de bâtir des maisons. Néhémie construisit le mur depuis l'aube jusqu'au moment où les premières étoiles apparaissent le soir.

C'EST AINSI QUE NOUS POURSUIVIONS L'OUVRAGE, LA MOITIÉ D'ENTRE NOUS LA LANCE À LA MAIN DEPUIS LE LEVER DE L'AURORE JUSQU'À L'APPARITION DES ÉTOILES.

Dans ce même temps, je dis encore au peuple : Que chacun passe la nuit dans Jérusalem avec son servi- teur ; faisons la garde pendant la nuit, et travaillons pendant le jour.

ET NOUS NE QUITTIONS POINT NOS VETEMENTS, ni moi, ni mes frères, ni mes serviteurs, ni les hommes de garde qui me suivaient ; CHACUN N'AVAIT QUE SES ARMES ET DE L'EAU.

Néhémie 4:21-23

12. Les riches bâtissent des maisons parce qu'ils font plusieurs travaux en même temps.

Néhémie, qui bâtit les murs de Jérusalem, a suivi le principe de faire de nombreux travaux en même temps. Beaucoup de riches occupent plusieurs emplois en même temps. Après tout, le principe est clair : vous récoltez ce que vous semez. Si vous semez dans beaucoup d'emplois vous récolterez dans de nombreux emplois.

C'est ainsi que nous poursuivions l'ouvrage, la moitié d'entre nous la lance à la main depuis le lever de l'aurore jusqu'à l'apparition des étoiles.

Dans ce même temps, je dis encore au peuple : Que chacun passe la nuit dans Jérusalem avec son serviteur ; FAISONS LA GARDE PENDANT LA NUIT ET TRAVAILLONS PENDANT LE JOUR.

Et nous ne quittions point nos vêtements, ni moi, ni mes frères, ni mes serviteurs, ni les hommes de garde qui me suivaient ; chacun n'avait que ses armes et de l'eau.

Néhémie 4:21-23

13. Les riches bâtissent des maisons parce qu'ils travaillent la journée, ainsi que la nuit.

Néhémie, qui bâtit Jérusalem, travaillait la journée ainsi que la nuit. Travailler la journée ainsi que la nuit permet de beaucoup semer et de beaucoup récolter. Les graines semées la journée et les graines semées la nuit s'additionneront pour vous donner une récolte importante. Vous utiliserez cette récolte pour bâtir une grande maison.

C'est ainsi que nous poursuivions l'ouvrage, la moitié d'entre nous la lance à la main depuis le lever de l'aurore jusqu'à l'apparition des étoiles.

Dans ce même temps, je dis encore au peuple : Que chacun passe la nuit dans Jérusalem avec son serviteur ; FAISONS LA GARDE PENDANT LA NUIT ET TRAVAILLONS PENDANT LE JOUR.

Néhémie 4:21-22

Chapitre 10

« Celui qui a » obtiendra encore plus, car il est un semeur de graines

Pourquoi semer des graines rend les gens riches

1. **Semer des graines rend les gens riches, car les graines sont la création de Dieu pour pourvoir la richesse sur la terre. Dieu est l'inventeur des graines.**

Puis Dieu dit : Que la terre produise de la verdure, de l'herbe portant de la semence, des arbres fruitiers donnant du fruit selon leur espèce et ayant en eux leur semence sur la terre. Et cela fut ainsi.

La terre produisit de la verdure, de l'herbe portant de la semence selon son espèce, et des arbres donnant du fruit et ayant en eux leur semence selon leur espèce. Dieu vit que cela était bon.

Genèse 1:11-12

La création de Dieu est chargée de graines. Dieu a créé les êtres vivants pour qu'ils aient des graines en eux. Ces graines sont la plus ancienne source de richesse dans le monde. Quiconque a besoin de maïs peut simplement planter des graines et il aura une récolte de maïs avec la richesse qui en découle. Planter des graines est donc la base de l'apport continu de richesse par Dieu.

La prochaine fois que vous voyagez en avion dans les pays riches de l'occident, n'oubliez pas de regarder par la fenêtre. Vous remarquerez que les champs sont divisés en carrés et en rectangles. Cette image de carrés et de rectangles est l'image que vous noterez en observant les riches pays européens qui ont planté des graines dans chaque espace disponible. À l'inverse, lorsque vous voyagez dans les pays pauvres non développées, vous remarquerez qu'il n'y a aucun carré, ni aucun rectangle. Ceci est dû au fait que le terrain ait été laissé en grande partie inutilisé. Il y a beaucoup de brousse, de savane et de forêts vierges infertiles. Les riches deviennent plus riches parce qu'ils ont planté de nombreuses graines. Les pauvres deviennent plus pauvres parce qu'ils n'ont rien planté. Comment les pays pauvres peuvent-ils espérer récolter du riz s'ils n'en ont pas planté ?

« Celui qui a » respecte le principe de la semence des graines.

2. **Semer des graines vous donne le droit légal de récolter. Semer des graines rend les gens riches, parce que toute personne sage qui sème des graines a le droit de récolter.**

Semer des graines rend les gens riches car *la vie est faite de périodes de récoltes qui suivent des périodes de semence.* « Celui qui a » a bien ensemencé. Il a droit à la récolte.

Tant que la terre subsistera, les semailles et la moisson, le froid et la chaleur, l'été et l'hiver, le jour et la nuit ne cesseront point.

Genèse 8:22

3. **Les bonnes choses sont des graines. Semer des graines rend riche parce que la « nature des graines » est également profondément enracinée dans les bonnes choses.**

Que celui à qui l'on enseigne la parole fasse part de tous ses BIENS à celui qui l'enseigne. Ne vous y trompez pas : on ne se moque pas de Dieu. Ce qu'un homme aura semé, il le moissonnera aussi.

Galates 6:6-7

La Bible nous enseigne que quel que soit ce que l'homme sème, il le récoltera. Elle ne précise pas ce que « quel que soit » signifie. Cela signifie que beaucoup de choses peuvent être « semées » et « récoltées ».

Les objets inanimés qui sont de bonnes choses peuvent contenir le pouvoir d'ensemencer.

Il m'est arrivé une fois de donner un walkman qui m'était précieux, parce que c'était ma seule source de musique. Quelques années plus tard, quelqu'un m'a donné une grosse chaîne Hi-Fi avec des haut-parleurs puissants. Le Seigneur m'a rappelé que j'avais donné mon précieux walkman pour obéir à Ses instructions. Si vous donnez à certains des vêtements ou de la nourriture, attendez-vous à récolter autre chose en échange. La nourriture et les vêtements sont de bonnes choses, et quel que soit ce que vous avez semé, vous le récolterez.

Si vous semez une maison, vous pouvez vous attendre à récolter des maisons. Si vous semez une voiture vous pouvez vous attendre à récolter des voitures. Les maisons sont de bonnes choses et les voitures sont de bonnes choses. « Celui qui a » sème des bonnes choses.

4. **Les vertus spirituelles sont des graines qui peuvent être semées. Semer les graines permet de donner plus de bonnes choses aux gens, car la « nature de la graine » est enracinée dans les vertus spirituelles. Par exemple, semer la miséricorde et être miséricordieux vous permet de récolter une moisson de miséricorde.**

> Alors le maître fit appeler ce serviteur, et lui dit : Méchant serviteur, je t'avais remis en entier ta dette, parce que tu m'en avais supplié ; ne devais-tu pas aussi avoir pitié de ton compagnon, comme j'ai eu pitié de toi ? Et son maître, irrité, le livra aux bourreaux, jusqu'à ce qu'il eût payé tout ce qu'il devait.
>
> C'est ainsi que mon Père céleste vous traitera, si chacun de vous ne pardonne à son frère de tout son cœur.
>
> Matthieu 18:32-35

Lorsque le serviteur ne pardonna pas à son compagnon, il récolta une moisson de chagrin, d'emprisonnement et de pauvreté. S'il avait semé la miséricorde il aurait récolté une moisson de miséricorde.

> Heureux les miséricordieux, car ils obtiendront miséricorde !
>
> Matthieu 5:7

David a semé la graine de l'honneur et de la loyauté en épargnant la vie de Saül, et il récolta lorsque sa vie fut épargnée par les hommes puissants. « Et il dit à ses gens : Que l'ÉTERNEL me garde de commettre contre mon seigneur, l'oint de l'ÉTERNEL, une action telle que de porter ma main sur lui ! car il est l'oint de l'ÉTERNEL. » (1 Samuel 24:6).

5. Les bonnes actions sont des graines qui peuvent être semées. Toutes les bonnes choses que vous faites à quelqu'un vous reviendront sous forme de récolte de choses bonnes pour vous.

Sachant que chacun, soit esclave, soit libre, recevra du Seigneur selon ce qu'il aura fait de bien.

Éphésiens 6:8

L'essentiel dans ce passage est de *ne pas attendre la récolte d'un être humain*, mais du Seigneur. Les êtres humains qui reçoivent vos graines n'ont pas en général la capacité de vous les rendre.

Semez une bonne action ou de la gentillesse, elle vous sera rendue sous forme de bénédiction. Si vous défendez des enfants et que vous prenez soin d'eux comme de vos propres enfants, vous pouvez vous attendre à recevoir une récolte de bons conseils, de soins et d'amour de la part du Seigneur. Si vous vous occupez des enfants de quelqu'un, vous pourrez vous attendre à ce que vos enfants soient pris en charge.

6. La parole de Dieu est une graine qui peut être semée.

Le semeur sème la parole.

Marc 4:14

Vous vous demandez peut-être comment la parole de Dieu peut créer la prospérité. Parce que la parole de Dieu est la sagesse de Dieu, chaque fois que vous recevez la parole de Dieu, vous semez la sagesse dans votre vie. La sagesse, nous apprend la Bible, donne lieu à la prospérité.

Heureux l'homme qui a trouvé la sagesse, Et l'homme qui possède l'intelligence !

> Car le gain qu'elle procure est préférable à celui de l'argent, Et le profit qu'on en tire vaut mieux que l'or. Elle est plus précieuse que les perles, Elle a plus de valeur que tous les objets de prix.
>
> Dans sa droite est une longue vie ; DANS SA GAUCHE, LA RICHESSE ET LA GLOIRE.
>
> Proverbes 3:13-16

Si la parole de Dieu est une semence, alors un livre sur la parole de Dieu, un sermon sur la parole de Dieu, une émission de télévision sur la parole de Dieu, un CD ou un DVD sur la parole de Dieu est aussi une graine.

Vous devez semer la parole de Dieu dans votre propre vie et récolter la moisson faite d'une bonne vie et de la prospérité.

7. L'argent est une graine qui peut être semée.

La Bible nous enseigne aussi que l'argent est une graine. La Bible décrit le fait de donner de l'argent à Dieu semblable au fait de semer une graine. Si vous avez besoin d'argent, tout que vous devez faire est de semer de l'argent comme des graines et vous recevrez une récolte d'argent. L'apôtre Paul décrit l'argent comme une graine.

> Sachez-le, celui qui SÈME peu moissonnera peu, et celui qui SÈME abondamment moissonnera abondamment. Que chacun DONNE comme il l'a résolu en son cœur, sans tristesse ni contrainte ; car Dieu aime CELUI QUI DONNE avec joie. Et Dieu peut vous combler de toutes sortes de grâces, afin que, possédant toujours en toutes choses de quoi satisfaire à tous vos besoins, vous ayez encore en abondance pour toute bonne œuvre.
>
> 2 Corinthiens 9:6-8

8. La dîme est une *graine spéciale* qui peut être semée.

Cette graine spéciale vous donne droit à une récolte de cieux ouverts. Cette graine spéciale vous permet de repousser la dévoreuse.

> Apportez à la maison du trésor toutes les dîmes, Afin qu'il y ait de la nourriture dans ma maison ; Mettez-moi de la sorte à l'épreuve, Dit l'Éternel des armées. Et vous verrez si je n'ouvre pas pour vous les écluses des cieux, Si je ne répands pas sur vous la bénédiction en abondance.
>
> Malachie 3:10

9. Une graine pour un pauvre est une graine spéciale qui produit une récolte de conservation, de longue vie, de santé, de délivrance des ennemis.

Lisez-le vous-même et voyez les bénédictions qui sont promises lorsque vous semez des graines dans la vie d'une personne pauvre.

> Heureux celui qui s'intéresse au pauvre ! Au jour du malheur l'Éternel le délivre ; L'Éternel le garde et lui conserve la vie. Il est heureux sur la terre, Et tu ne le livres pas au bon plaisir de ses ennemis. L'Éternel le soutient sur son lit de douleur ; Tu le soulages dans toutes ses maladies.
>
> Psaumes 41:1-3

10. Une graine d'argent mêlée à la prière est une *graine spéciale* qui produit une récolte de visitation spirituelle.

Corneille sema une graine spéciale, mélange de prière et d'aumône. Cette graine est venue à Dieu comme un mémorial. Je n'ai pas écrit la Bible. La Bible raconte que l'ange dit à Corneille que ses cadeaux et ses prières sont devenus un mémorial dans le ciel. Ce monument rappelait chaque jour Corneille à Dieu. C'est pourquoi l'ange fut envoyé pour apparaître à Corneille. Vos graines spéciales de prière et d'aumône peuvent vous permettre de bénéficier d'une visitation spirituelle.

Il y avait à Césarée un homme nommé Corneille, centenier dans la cohorte dite italienne.Cet homme était pieux et craignait Dieu, avec toute sa maison; il faisait beaucoup d'aumônes au peuple, et priait Dieu continuellement.

> Vers la neuvième heure du jour, il vit clairement dans une vision un ange de Dieu qui entra chez lui, et qui lui dit: Corneille ! Les regards fixés sur lui, et saisi d'effroi, il répondit : Qu'est-ce, Seigneur ? Et l'ange lui dit : TES PRIÈRES ET TES AUMÔNES sont montées devant Dieu, et IL S'EN EST SOUVENU.
>
> Actes 10:1-4

11. Une graine au bénéfice de l'évangélisme et des missions est une *graine spéciale* qui mènera Dieu à vous donner tout ce qu'il vous faut selon Ses richesses.

Une graine fut envoyée pour aider l'apôtre Paul dans sa mission. Paul prononça sur eux la bénédiction spéciale de Philippiens 4:19.

Ce verset est souvent cité par ceux qui prétendent que Dieu aura soin d'eux. Mais la proclamation de Philippiens 4:19 était la récolte des graines semées durant la mission évangélique de Paul. N'oubliez pas que vos graines spéciales au bénéfice de l'évangélisation vous autorisent à faire une récolte spéciale de provisions absolument abondantes.

> Vous le savez vous-mêmes, Philippiens, au commencement de la prédication de l'Évangile, LORSQUE JE PARTIS DE LA MACÉDOINE, AUCUNE ÉGLISE N'ENTRA EN COMPTE AVEC MOI POUR CE QU'ELLE DONNAIT ET RECEVAIT.
>
> Vous fûtes les seuls à le faire, car vous m'envoyâtes déjà à Thessalonique, et à deux reprises, de quoi pourvoir à mes besoins.
>
> Ce n'est pas que je recherche les dons ; mais je recherche le fruit qui abonde pour votre compte. J'ai tout reçu, et je suis dans l'abondance ; j'ai été comblé de biens, en recevant par Épaphrodite ce qui vient de vous comme un parfum de bonne odeur, un sacrifice que Dieu accepte, et qui lui est agréable.

> Et mon Dieu pourvoira à tous vos besoins selon sa richesse, avec gloire, en Jésus Christ.
>
> Philippiens 4:15-19

12. Une graine pour votre guide spirituel est une *graine spéciale* qui comble le besoin de justesse.

Par le biais de cette graine spéciale, vous comblez tout besoin de justesse, ainsi que certains contrats spirituels. Parce qu'il y a une instruction claire et biblique demandant de s'occuper de son enseignant, chaque fois que vous le faites, vous comblez la demande de jouer votre rôle dans la vie de votre professeur, vous lui remboursez les bonnes choses qu'il a introduites dans votre vie. Vous vous acquittez de votre obligation comme un bon élève et recevez les bénédictions de Galates 6:7.

> Que celui à qui l'on enseigne la parole fasse part de tous ses biens à celui qui l'enseigne. Ne vous y trompez pas : on ne se moque pas de Dieu. Ce qu'un homme aura semé, il le moissonnera aussi.
>
> Galates 6:6-7

13. « Aider quelqu'un » est une graine spéciale qui peut être plantée.

> Sachant que chacun, soit esclave, soit libre, recevra du Seigneur selon ce qu'il aura fait de bien.
>
> Éphésiens 6:8

Sans aide, vous ne parviendrez à rien dans la vie. Vous aurez besoin d'aide, de miséricorde, de pitié, d'un coup de pouce, de la faveur et, par-dessus tout, d'une aide non méritée. Beaucoup ne sèment pas cette graine d'aide, parce que les personnes qui reçoivent une aide de vous n'ont pas l'air de jamais pouvoir vous renvoyer l'ascenseur. Mais vous devez attendre votre récolte de Dieu et non de la personne que vous a aidée. N'envisagez pas la personne que vous avez aidée comme la source de votre récolte.

Cinq personnes qui ont semé une graine spéciale en aidant les autres

1. **Rahab sema une graine « d'aide » en aidant les espions, et elle récolta quand, plus tard, ils l'aidèrent à échapper à la mort.**

   Et maintenant, je vous prie, jurez-moi par l'ÉTERNEL que vous aurez pour la maison de mon père la même bonté que j'ai eue pour vous.Donnez-moi l'assurance que vous laisserez vivre mon père, ma mère, mes frères, mes sœurs, et tous ceux qui leur appartiennent, et que vous nous sauverez de la mort.

   Ces hommes lui répondirent : Nous sommes prêts à mourir pour vous, si vous ne divulguez pas ce qui nous concerne ; et quand l'ÉTERNEL nous donnera le pays, nous agirons envers toi avec bonté et fidélité.

   Josué 2:12-14

2. **Onésiphore sema une graine « d'aide » lorsqu'il aida Paul et profita d'une récolte lorsque Paul le bénit pour qu'il reçoive la miséricorde.**

   Que le Seigneur répande sa miséricorde sur la maison d'Onésiphore, car il m'a souvent consolé, et il n'a pas eu honte de mes chaînes :

   2 Timothée 1:16

3. **Joseph sema une graine « d'aide » lorsqu'il aida le majordome à interpréter son rêve et il récolta lorsque le majordome le recommanda auprès de pharaon.**

   Il y avait là avec nous un jeune Hébreu, esclave du chef des gardes. Nous lui racontâmes nos songes, et il nous les expliqua.Les choses sont arrivées selon l'explication qu'il nous avait donnée. Pharaon me rétablit dans ma charge, et il fit pendre le chef des panetiers.

   Pharaon fit appeler Joseph. On le fit sortir en hâte de prison. Il se rasa, changea de vêtements, et se rendit vers Pharaon.

   Genèse 41:12-14

4. **Les disciples sèment des graines « d'aide » en continuant avec Jésus dans son ministère et une récolte leur est promise aux cieux.**

Vous, vous êtes ceux qui avez persévéré avec moi dans mes épreuves ; c'est pourquoi je dispose du royaume en votre faveur, comme mon Père en a disposé en ma faveur, afin que vous mangiez et buviez à ma table dans mon royaume, et que vous soyez assis sur des trônes, pour juger les douze tribus d'Israël.

Luc 22:28-30

5. **Abigail sema la graine « d'aide » lorsqu'elle aida un homme de Dieu et elle bénéficia de la récolte lorsqu'elle trouva un mari peu de temps après être devenue veuve.**

Abigail envoya de la nourriture à David. C'était une grande bénédiction pour David et pour ses hommes dans un temps de besoin. Cette graine allait remporter de riches bénéfices dans le futur.

David apprit que Nabal était mort, et il dit : Béni soit l'ÉTERNEL, qui a défendu ma cause dans l'outrage que m'a fait Nabal, et qui a empêché son serviteur de faire le mal ! L'ÉTERNEL a fait retomber la méchanceté de Nabal sur sa tête. David envoya proposer à Abigaïl de devenir sa femme.

1 Samuel 25:39

Chapitre 11

« Celui qui a » obtiendra encore plus, car il a le pouvoir d'obtenir la richesse

Deux sources de richesse

Il faut avoir du pouvoir pour faire fortune. La richesse n'est pas facile à obtenir. Toute personne qui a des richesses bénéficie dans sa vie d'une sorte de pouvoir qui attire à lui la richesse. Les pauvres n'ont pas le pouvoir d'obtenir la richesse. Certaines personnes pauvres cherchent le pouvoir d'obtenir la richesse aux mauvais endroits. À cause de leur désir de richesses, elles tombent dans toutes sortes de passions stupides et fatales qui mènent les hommes à la perdition et à la destruction.

« Celui qui a » de l'argent possède le pouvoir d'obtenir la richesse. Le pouvoir d'obtenir la richesse vient de Dieu. Mais il n'y a pas que Dieu qui donne le pouvoir d'obtenir la richesse. Le diable aussi donne le pouvoir d'obtenir la richesse. Vous êtes oint par Dieu ou par le diable pour obtenir la richesse. Ainsi, il existe deux types de gens riches dans le monde. Certains obtiennent le pouvoir par Dieu, et d'autres obtiennent le pouvoir par le diable. Voici quelques passages de la Bible qui prouvent que Dieu et le diable donnent le pouvoir d'obtenir la richesse.

Comment le diable donne-t-il le pouvoir de devenir riche ?

1. **Le diable emmena Jésus sur la montagne, Lui montra le monde entier avec sa gloire et déclara qu'il avait le pouvoir de le donner à qui il voulait.** Ce passage nous montre que le diable avait le monde entier et toutes ses richesses dans ses mains. Il était prêt à l'offrir à Jésus-Christ si celui-ci lui rendait

hommage. Jésus-Christ a refusé de lui rendre hommage et de soumettre son ministère au diable.

Le diable donne de l'argent à qui s'incline devant lui. Les gens soumettent leur musique, leurs films, leurs danses, leurs corps et leurs talents au diable. Le diable utilise leur musique et leurs talents à ses fins. Satan remplit les foules de débauche et de perversion alors qu'ils écoutent la musique jouée par ceux qui ont vendu leur âme au diable.

Le diable donne l'argent et la richesse aux politiciens qui lui soumettent leur pouvoir. De nombreux dirigeants de ce monde reçoivent leur pouvoir des esprits mauvais. C'est pourquoi ils mènent les nations à la pauvreté, la guerre et la destruction. Les dirigeants ne se soucient du peuple parce qu'ils sont inspirés par des démons qui veulent détruire la création de Dieu

Le diable le transporta encore sur une montagne très élevée, lui montra tous les royaumes du monde et leur gloire.

Matthieu 4:8

2. **La richesse que donne le diable est une richesse qui s'accompagne de chagrin. Mais la bénédiction du Seigneur rend riche et n'ajoute aucun chagrin.** Il y a une différence entre la bénédiction du Seigneur et d'autres « bénédictions ».

C'est la bénédiction de l'Éternel qui enrichit, et il ne la fait suivre d'aucun chagrin.

Proverbes 10:22

Il se peut que vous ayez de l'argent et que vous pensiez que Dieu vous a béni. Il n'y a pas que Dieu qui donne de l'argent. Le diable aussi peut en donner.

Avez-vous remarqué combien des pop stars, des vedettes de films et des stars du football finissent dans le chagrin et dans la tristesse ?

Vous vous demandez pourquoi l'argent n'est pas capable de les rendre heureux.

Vous vous demandez pourquoi ils ne sont pas capables de rester riches ou de conserver leurs bénédictions apparentes.

En fait, la bénédiction du Seigneur rend riche et n'entraîne aucun chagrin.

3. **La richesse donnée par le diable est la richesse qui arrive d'une mauvaise manière. La Bible qualifie cette manière d'obtenir la richesse « injustement ».** Cette méthode d'obtenir la richesse n'est pas quelque chose que Dieu approuve. Parce que Dieu n'a pas conçu cette sorte de richesse, Il prophétise son échec.

   Dieu déclare qu'Il attaquera cette richesse. Le prophète déclare que Dieu châtiera les gains malhonnêtes

   Comme une perdrix qui couve des œufs qu'elle n'a point pondus, Tel est CELUI QUI ACQUIERT DES RICHESSES INJUSTEMENT. Au milieu de ses jours il doit les quitter, et à la fin il n'est qu'un insensé.

   Jérémie 17:11

   « Chez toi, l'on reçoit des présents pour répandre le sang : tu exiges un intérêt et une usure, tu dépouilles ton prochain par la violence, et moi, tu m'oublies, dit le Seigneur, l'ÉTERNEL.

   Voici, JE FRAPPE DES MAINS À CAUSE DE LA CUPIDITÉ QUE TU AS EUE, et du sang qui a été répandu au milieu de toi. »

   Ézéchiel 22:12-13

Comment Dieu rend-il les gens riches ?

1. **Dieu rend les gens riches en leur donnant un pouvoir spécifique qui les rend riches.**

   Souviens-toi de l'ÉTERNEL, ton Dieu, car c'est LUI QUI TE DONNERA DE LA FORCE POUR LES ACQUÉRIR, afin de confirmer, comme il le fait aujourd'hui, son alliance qu'il a jurée à tes pères.

   Deutéronome 8:18

2. **Dieu rend les gens riches en ajoutant toute chose à leur vie lorsqu'ils Le recherchent en premier.**

   Cherchez premièrement le royaume et la justice de Dieu ; et toutes ces choses vous seront données par-dessus.

   Matthieu 6:33

3. **Dieu rend les gens riches en leur donnant la grâce qui apporte l'aisance.**

   C'est une grâce que d'avoir suffisamment. Avoir suffisamment est ce que l'on appelle l'aisance. Quand la grâce de l'aisance est sur votre vie, vous avez suffisamment en permanence.

   Et DIEU PEUT VOUS COMBLER DE TOUTES SORTES DE GRÂCES, afin que, possédant toujours en toutes choses de quoi satisfaire à tous vos besoins, vous ayez encore en abondance pour toute bonne œuvre,

   2 Corinthiens 9:8

4. **Dieu rend les gens riches en remédiant à la malédiction de la pauvreté.**

   Il y a des malédictions qui rendent les gens pauvres. Parfois, la pauvreté ne peut être expliquée que par une malédiction. Parfois, les gens ont tout ce qu'il faut pour être riches et prospères. Mais pour une raison particulière, ils n'ont jamais assez. Cela doit vous faire penser à la possibilité d'une malédiction rôdant autour d'eux, quelque part. La malédiction de la loi comprenait la loi de la pauvreté, mais Christ nous a rachetés de cette malédiction.

   Christ NOUS A RACHETÉS DE LA MALÉDICTION DE LA LOI, étant devenu malédiction pour nous - car il est écrit : Maudit est quiconque est pendu au bois.

   Galates 3:13

5. **Dieu rend les gens riches en leur donnant les bénédictions d'Abraham.** Nous sommes les enfants d'Abraham et les

bénédictions d'Abraham touchent les païens. Nous, qui sommes les païens, nous réjouissons des bénédictions d'Abraham dans nos vies. Abram était très riche en troupeaux, en argent et en or.

Genèse 13:2

AFIN QUE LA BÉNÉDICTION D'ABRAHAM EÛT POUR LES PAÏENS son accomplissement en Jésus Christ, et que nous reçussions par la foi l'Esprit qui avait été promis.

Galates 3: 14

6. **Dieu rend les gens riches en leur donnant la « pluie » qui augmente tout ce qu'ils ont.**

DEMANDEZ À L'ÉTERNEL LA PLUIE, la pluie du printemps ! L'ÉTERNEL produira des éclairs, Et il vous enverra une abondante pluie, Il donnera à chacun de l'herbe dans son champ.

Zacharie 10:1

Et vous, enfants de Sion, soyez dans l'allégresse et réjouissez-vous En l'ÉTERNEL, votre Dieu, CAR IL VOUS DONNERA LA PLUIE EN SON TEMPS, Il vous enverra la pluie de la première et de l'arrière-saison, Comme autrefois. Les aires se rempliront de blé, Et les cuves regorgeront de moût et d'huile.

Joël 2:23-24

7. **Dieu rend les gens riches en leur donnant la grâce du don.** Certaines personnes n'ont pas la grâce du don. Lorsque Dieu veut vous rendre riche, Il vous donne la capacité à donner. Voilà ce que la Bible appelle « la grâce du don ».

De même que vous excellez en toutes choses, en foi, en parole, en connaissance, en zèle à tous égards, et dans votre amour pour nous, faites en sorte D'EXCELLER AUSSI DANS CETTE ŒUVRE DE BIENFAISANCE.

2 Corinthiens 8:7

8. **Dieu rend les gens riches en leur donnant l'esprit de sagesse.** L'onction de richesse libère l'esprit de la sagesse au sujet de la création de richesses. La sagesse est ce qui crée de la richesse. Partout où vous trouvez une richesse durable, vous trouverez des sages. Prier pour la sagesse revient à prier pour la richesse. La sagesse est une manière de devenir riche.

   Dans sa droite est une longue vie; Dans sa gauche, la richesse et la gloire.

   Proverbes 3:16

   Avec moi sont la richesse et la gloire, Les biens durables et la justice.

   Proverbes 8:18

   La sagesse et l'intelligence te sont accordées. Je te donnerai, en outre, des richesses, des biens et de la gloire, comme n'en a jamais eu aucun roi avant toi et comme n'en aura aucun après toi.

   2 Chroniques 1:12

9. **Dieu rend les gens riches en leur donnant certains talents et savoir-faire.** De nombreux musiciens, chanteurs, joueurs de football, de golf, de tennis, de basket, beaucoup de boxeurs et d'athlètes ont reçu un talent de Dieu qui les a fait devenir riches. Beaucoup d'entre eux n'ont jamais glorifié Dieu ni ne l'ont jamais honoré avec leur talent. Le passage ci-dessous montre que Dieu est la source de la sagesse, de la compréhension et de l'habileté professionnelle.

   Je l'ai rempli de l'Esprit de Dieu, de sagesse, d'intelligence, et de savoir pour toutes sortes d'ouvrages,

   Exode 31:3

10. **Dieu rend les gens riches en les rendant diligents.** La diligence, l'effort soutenu, est le grand secret pratique de la création de richesses. Sans diligence, toutes les théories ne valent rien.

    Celui qui agit d'une main lâche s'appauvrit, Mais la main des diligents enrichit.

    Proverbes 10:4

Les projets de l'homme diligent ne mènent qu'à l'abondance, Mais celui qui agit avec précipitation n'arrive qu'à la disette.

Proverbes 21:5

L'âme du paresseux a des désirs qu'il ne peut satisfaire ; Mais l'âme des hommes diligents sera rassasiée.

Proverbes 13:4

Chapitre 12

« Celui qui a » obtiendra encore plus, car il respecte la petite différence qui fait une grande différence

De petites choses peuvent faire une grande différence. « Celui qui a » respecte le fait que des petites choses font une grande différence. À un certain niveau, les grandes choses ne font pas de grande différence. Ce sont les petites choses qui changent tout. « Celui qui a » a appris à respecter les petites choses, et ces petites choses ont fait une grande différence dans sa vie. En effet, la différence entre les singes et les êtres humains est très ténue. Il est incroyable que des choses si petites puissent être à l'origine de la très grande différence qui existe entre les singes et les êtres humains. La parole de Dieu est pleine d'exemples de petites choses qui font une grande différence.

Dix petites choses qui font une grande différence

1. Un petit peu de foi

> ... SI VOUS AVIEZ DE LA FOI COMME UN GRAIN DE SÉNEVÉ, vous diriez à cette montagne : Transporte-toi d'ici là, et elle se transporterait ; rien ne vous serait impossible.
>
> Matthieu 17:20

Un peu de foi peut faire une grande différence dans votre vie.

La foi est importante parce que vous ne pouvez être sauvé que par la foi.

La foi est importante parce que les anciens reçurent un bon rapport grâce à la foi.

> La foi est importante parce que nous vivons dans la foi.
>
> La foi est importante parce que nous marchons grâce à la foi.
>
> La foi est importante parce que sans foi, il est impossible de plaire à Dieu.

De manière incroyable, il suffit d'avoir un peu de foi pour accomplir de grandes choses avec Dieu. Même si votre foi n'est pas plus grande qu'un grain de sénevé, vous pouvez déplacer des montagnes.

2. Une petite graine

> Il dit encore: A quoi comparerons-nous le ROYAUME DE DIEU, ou par quelle parabole le représenterons-nous ? IL EST SEMBLABLE À UN GRAIN DE SÉNEVÉ, qui, lorsqu'on le sème en terre, est la plus petite de toutes les semences qui sont sur la terre : mais, lorsqu'il a été semé, il monte, devient plus grand que tous les légumes, et pousse de grandes branches, en sorte que les oiseaux du ciel peuvent habiter sous son ombre.
>
> Marc 4:30-32

Le royaume de Dieu est aussi une petite graine. Cela signifie que tout dans le royaume de Dieu est petit au début, mais devient grand et puissant à la fin. Une église symbolise le royaume de Dieu, qui commence petit et devient un arbre majestueux.

Un missionnaire qui va dans un pays éloigné peut paraître insignifiant. Mais au fil des années, ses efforts portent leurs fruits et il devient comme un arbre majestueux. La Bible ressemble à un livre sans importance dans la main d'un prédicateur, mais ce petit livre est une petite graine qui peut changer la vie de nombreuses personnes. Les livres, les cassettes, les CD, les DVD, sont de petites graines qui ont un grand impact.

3. Les petits renards

> Attrapez-nous les renards, les petits renards ravageurs de vignes, car nos vignes sont en fleur.
>
> Cantique des cantiques 2:15 (Bible de Jérusalem)

Les petits renards font référence à de petites choses qui peuvent compromettre de grandes réussites.

Le petit téléphone

Un jour, j'ai rencontré le directeur d'une grande et riche multinationale. En fréquentant ce dirigeant, j'ai remarqué qu'il pouvait utiliser gratuitement son téléphone professionnel et que les autres membres de sa famille et ses amis pouvaient utiliser son téléphone professionnel pour appeler n'importe où dans le monde.

Alors, je lui ai demandé combien de dirigeants et d'autres membres du personnel avait des téléphones avec une telle utilisation illimitée. Il m'a expliqué que d'autres directeurs et plusieurs autres membres du personnel subalternes possédaient de tels téléphones et qu'ils pouvaient tous l'utiliser de façon illimitée.

Puis, il m'a proposé son téléphone et m'a demandé si j'avais besoin d'appeler n'importe où dans le monde. Et en effet, j'ai bénéficié de plusieurs heures d'appels internationaux à longue distance gratuits. Ce jour-là, j'ai prédit la faillite de cette multinationale et je n'ai pas eu tort. Quelques années plus tard, toute la compagnie a fait faillite. Peut-être que le petit téléphone avec ses factures a fait une grande différence.

La petite ampoule

Un jour, je rendis visite à mes grands-parents en Suisse. J'y passai un séjour agréable. Mais un jour, mon grand-père se fâcha contre moi, brandit sa canne dans ma direction et cria en allemand. Je me demandai quel crime terrible j'avais commis. Je fus surpris d'apprendre que j'avais laissé quelques lumières allumées. Pourquoi était-il si terrible de laisser quelques lumières allumées dans le couloir ? Pourquoi était-il en colère pour si peu ?

En grandissant, j'ai appris que cette « petite chose » qui est de gaspiller de l'électricité est typique des pauvres. Les pays en voie de développement sans beaucoup d'argent laissent les lumières allumées et gaspillent l'électricité tout le temps, tandis que les riches ont tendance à l'économiser.

Laisser la lumière allumée et gaspiller l'électricité ruine tous vos efforts pour économiser de l'argent et devenir riche.

4. Un peu de levain

Un peu de levain fait lever toute la pâte.

Galates 5:9

Un petit peu de levain peut tout changer. Ce passage parle de l'impact que peut avoir une petite erreur. Une petite erreur dans les doctrines d'un dirigeant peut conduire à la destruction de nombreuses vies humaines. Des communautés et des églises entières finissent dans la tiédeur et l'infertilité à cause d'une petite différence dans la doctrine. L'échec de l'église à enseigner le salut par la foi et la grâce a été la cause d'un mouvement de déclin total d'une église, dont les membres finirent par acheter leur salut avec de l'argent.

Certaines bibles disent que Jésus-Christ était le fils d'une jeune femme. Elles ne précisent pas que Jésus-Christ était le fils d'une vierge. Bien qu'il semble qu'il y ait une différence infime entre une jeune femme et une vierge, cela fait une différence énorme pour savoir qui était Jésus-Christ. S'Il était le fils d'une vierge, Il était un être surnaturel qui accomplit une antique prophétie (Ésaïe 7:14). S'Il était simplement le fils d'une jeune femme, Il était exactement comme nous tous.

Ne pas parler des miracles et des guérisons crée une église impuissante, très différente de l'église que Jésus-Christ a laissée. En effet, on peut beaucoup prêcher sans aborder le sujet de l'onction ou du pouvoir de guérison de Dieu. « Ayant l'apparence de la piété, mais reniant ce qui en fait la force. Éloigne-toi de ces hommes-là » (2 Timothée 3:5).

Ne pas parler de paradis et d'éternité peut faire une grande différence dans le type de congrégation que nous voyons. Commodément, l'église moderne s'abstient de discuter de l'enfer.

Cela fait une différence énorme et a créé une église impuissante, dont le cœur est basé sur les choses terrestres.

5. De petits livres

> Et la voix, que j'avais entendue du ciel, me parla de nouveau, et dit : Va, prends le petit livre ouvert dans la main de l'ange qui se tient debout sur la mer et sur la terre.
>
> Et j'allai vers l'ange, en lui disant de me donner LE PETIT LIVRE. Et il me dit : Prends-le, et avale-le ; il sera amer à tes entrailles, mais dans ta bouche il sera doux comme du miel.
>
> Je pris LE PETIT LIVRE de la main de l'ange, et je l'avalai ; il fut dans ma bouche doux comme du miel, mais quand je l'eus avalé, mes entrailles furent remplies d'amertume.
>
> Puis on me dit : Il faut que tu prophétises de nouveau sur beaucoup de peuples, de nations, de langues, et de rois.
>
> Apocalypse 10:8-11

La révélation que l'on trouve dans un petit livre peut faire une différence dans votre ministère. Il y a quelques années, on m'a présenté un petit livre de Kenneth Hagin. Ce petit livre m'a fait connaître la personne qui devait m'enseigner la foi et le ministère. N'allant pas à l'école biblique et ne bénéficiant pas du soutien de certains ministres de l'Évangile, un petit livre m'a permis de sortir du néant et de vous écrire ce livre. Vous lisez ce livre aujourd'hui grâce à la puissance des petits livres.

6. Les petits enfants

> **Et Jésus dit : Laissez les petits enfants, et ne les empêchez pas de venir à moi ; car le royaume des cieux est pour ceux qui leur ressemblent.**
>
> **Matthieu 19:14**

On ignore souvent les petits enfants car on les considère comme étant négligeables. Pourtant, ce sont les petits enfants qui sont la clé de la croissance du royaume. Les petits enfants sont la clé de la croissance de votre église. Les petits enfants sont la clé de votre travail de missionnaire. Les petits enfants sont les personnes qui vous répondront, à vous et à vos efforts d'évangélisation. Jésus a dit que le royaume des cieux est peuplé de petits enfants

Les petits enfants sont également la clé de la grandeur parce que Jésus a enseigné que l'humilité des enfants était la plus grande condition pour accéder à la grandeur. Jésus a dit que la personne la plus importante était un petit enfant. La capacité de l'enfant à pardonner et à oublier nous révèle la véritable grandeur. La capacité d'un enfant à jouer avec d'autres enfants de provenances diverses nous révèle la véritable grandeur. La capacité des enfants à apprendre et à copier nous révèle la véritable grandeur. La capacité des enfants à copier les autres nous révèle la véritable grandeur.

En effet, les petits enfants peuvent faire une grande différence dans nos vies si nous apprenons d'eux et à devenir comme eux.

7. Le petit membre du corps

> De même, la langue est un petit membre, et elle se vante de grandes choses. Voici, comme un petit feu peut embraser une grande forêt. La langue aussi est un feu ; c'est le monde de l'iniquité. La langue est placée parmi nos membres, souillant tout le corps, et enflammant le cours de la vie, étant elle-même enflammée par la géhenne.
>
> Jacques 3:5-6

La langue est une petite partie de l'ensemble du corps, et pourtant, elle peut contrôler tout ce qui se passe dans votre vie. La mort et la vie dépendent de la langue (Proverbes 18:21). Quiconque dit à une montagne de se retirer dans la mer sans douter de ce qu'il dit pourra obtenir ce qu'il souhaite. Il semble qu'il y ait un grand pouvoir dans ce que vous dites avec votre langue. Dans toute la Bible, le pouvoir de la langue est souligné. Vous êtes prisonniers des mots prononcés par votre bouche. Bien que ce soit une petite chose, elle peut faire une grande différence.

8. Un peu de vin

> Ne continue pas à ne boire que de l'eau ; mais fais usage D'UN PEU DE VIN, à cause de ton estomac et de tes fréquentes indispositions.
>
> 1 Timothée 5:23

Un peu de vin pouvait faire une grande différence pour la santé de Timothée. Combien il est important de croire que des petites choses peuvent faire une grande différence pour notre santé. De petites gorgées de Coca-Cola peuvent faire une grande différence sur votre taille et votre poids. Des petits comprimés, pris tous les jours, peuvent faire une grande différence pour votre espérance de vie. Les gens paresseux ne se soucient pas de ces petites choses qui peuvent faire une grande différence. Ils mangent et boivent n'importe quoi parce qu'ils pensent qu'une petite chose ne peut pas faire une grande différence.

9. Un petit assoupissement

> Un peu de sommeil, un peu d'assoupissement, Un peu croiser les mains pour dormir ! Et la pauvreté te surprendra, comme un rôdeur, Et la disette, comme un homme en armes.
>
> Proverbes 24:33-34

Un peu plus de sommeil peut faire une grande différence pour votre situation financière. Un petit assoupissement, alors que vous étiez censé étudier peut vous faire devenir greffier plutôt qu'avocat. Un petit assoupissement, alors que vous étiez censé étudier peut vous faire devenir infirmier plutôt que médecin.

Un petit assoupissement au lieu de travailler dur sur votre campagne peut vous faire perdre une élection. Un petit assoupissement au lieu de travailler avec diligence dans votre ferme peut conduire vos poulets à être mangés par un renard. Il peut s'agir d'un repos d'une heure ou de quelques minutes, mais vous devez rester attentif. Se reposer et se détendre trop tôt peut être une activité extrêmement dangereuse.

10. Un peu de folie

> Les mouches mortes infectent et font fermenter l'huile du parfumeur; un peu de folie l'emporte sur la sagesse et sur la gloire.
>
> Ecclésiaste 10:1

Un peu de folie est une petite absurdité. Un grand honneur peut être sapé par un peu de folie. Beaucoup d'hommes puissants ont appris qu'un peu de folie suffit à détruire toute une vie de travaux honorables. Il est important de prier le Seigneur pour se délivrer des pièges de l'absurdité qui se cachent dans l'ombre sur les chemins de tous les grands hommes.

Chapitre 13

Comment une petite différence entre les primates et les hommes fait une grande différence

Depuis de nombreuses années, on sait qu'il y a beaucoup de similitudes entre les singes et les êtres humains. Les singes sont les animaux qui ressemblent le plus à des êtres humains. Mais quelle est la différence entre eux ? Y a-t-il de grandes différences ? La réponse est : aucune.

Il y a très peu de différences entre les singes et les êtres humains. Étonnamment, c'est de ces petites différences qu'est née la grande différence entre les espèces. Ce sont ces petites différences qui ont permis à des êtres humains de développer une civilisation qui domine le monde. Les êtres humains ont développé des voitures, des avions et toutes sortes de gadgets sophistiqués, comme les télévisions, les radios, les téléphones et les ordinateurs. Les êtres humains se sont rassemblés et ont formé des nations qui en ont conquis d'autres. Les êtres humains ont exploré la terre et sont allés sur la Lune.

Pourquoi les singes ne sont-ils jamais devenus une grande race ?

Mais pourquoi les singes n'ont-ils pas pu s'organiser en nations ?

Pourquoi les singes n'ont-ils rien inventé ?

Pourquoi les singes n'ont-ils pas développé une langue, une monnaie ou l'art de l'écriture et de la lecture ?

Pourquoi n'ont ils pas de grandes bibliothèques où ils peuvent conserver leur histoire ? Y a-t-il une grande différence entre les singes et les êtres humains ?

La réponse est non. Il n'y a pas une grande différence entre les singes et les êtres humains. La différence est minime en fait. Mais c'est cette petite différence qui fait une grande différence !

Pourquoi les primates n'ont-ils pas pris le contrôle du monde des humains comme on le voit dans certains films ?

Pourquoi ne sont ils pas sortis de la forêt pour envahir les civilisations humaines ?

Pourquoi restent-ils dans la forêt, à la merci des léopards, des hyènes et d'autres prédateurs ? Pourquoi les singes n'ont-ils pas inventé des vêtements, des chaussures et des parfums ?

Pourquoi les singes n'ont-ils pas de magasins et de maisons ?

Pourquoi ne sont-ils pas capables de faire ces grandes choses que les humains ont faites ? Est-ce une « grande » différence qui cause une telle « grande » différence entre les singes et les humains ? *Qu'est-ce qui empêche les singes de réussir ?* La réponse est très simple. C'est une petite différence qui les en empêche.

Le riche et le pauvre

De même, les différences entre les riches et les pauvres ne sont pas dues à grand-chose. Les grands traits sont habituellement identiques. Tous les êtres humains ont la même taille et disposent des mêmes cerveaux, du même cœur, des mêmes reins, des mêmes poumons, etc. Ce sont les grands organes d'un être humain. Personne ne peut les créer ou les changer. Mais c'est une petite différence entre les êtres humains qui crée une classe de riches et une classe de pauvres.

Étonnamment, ce sont ces petites différences qui font les grandes différences entre pays riches et pays pauvres.

Si vous vous battez pour la grandeur au sein de votre ministère ou dans le monde de la finance, rappelez-vous toujours qu'il y a peu de choses qui séparent les riches des pauvres. Il y a peu de choses qui séparent le succès des échecs.

Dans ce court chapitre, je veux vous faire remarquer à quel point les singes sont semblables aux humains. Mais je veux vous faire remarquer les petites différences qui existent malgré tout entre eux.

Douze similitudes entre les primates et les humains

1. Les primates et les humains vivent et se déplacent en groupes.
2. Les primates et les humains ont le sens du territoire et ont tendance à être agressifs pour le défendre.
3. Les primates et les humains résolvent en général les conflits par divers comportements de soumission et d'apaisement. Les conflits au sein de groupes de primates et d'humains se développent souvent à cause d'une concurrence pour l'acquisition de ressources, y compris des partenaires sexuels et de la nourriture.
4. Les primates et les humains produisent des sons pour communiquer.
5. Les primates comme les humains emploient une gamme de traits de communication non verbale, telle que des expressions du visage, le regard et des gestes.
6. Les sociétés des hommes et des primates sont habituellement dominées par les mâles.
7. Les primates et les humains partagent des comportements communs qui impliquent diverses formes de contacts physiques, notamment le fait de se toucher, de se tenir la main, de s'enlacer et, chez les chimpanzés, de s'embrasser.
8. Les primates et les humains partagent un attachement de la mère au nouveau-né. Cet attachement est habituellement le lien le plus fort et le plus durable. Il peut durer de nombreuses années, en général toute la vie de la mère.
9. Les primates et les humains sont semblables dans leur manière de jouer. Ils utilisent le jeu comme un moyen d'apprentissage.

Par exemple, les bébés chimpanzés imitent les activités de cueillette de la nourriture qu'ils observent chez leur mères, « attaquent » des adultes qui somnolent et « harcèlent » des adolescents.

10. Les groupes et les sociétés des primates et des humains sont organisés à partir des mêmes éléments, par exemple, le rang, le statut, etc. Le rang ou le statut particulier peut être mesuré par l'accès aux ressources, y compris la nourriture et les partenaires sexuels.

11. La manière dont les humains choisissent leurs leaders politiques reflète la manière dont un mâle dominant gagne du pouvoir. La domination n'est pas déterminée par la taille ou la force chez les chimpanzés. C'est plutôt un regroupement d'animaux très organisés qui doivent assister ou élire leur leader.

12. Les primates et les humains réagissent à un traitement injuste. Le célèbre primatologue Yerkes conçut une expérience dans laquelle deux primates côte à côte recevaient la même nourriture après avoir accompli la même tâche. Les deux animaux continuaient à répéter cette tâche pour continuer à recevoir une récompense. Puis, lorsque l'un des primates a commencé à recevoir une meilleure récompense pour la même tâche, l'autre animal, observant le traitement injuste auquel il était soumis, en vint rapidement à refuser de répéter la tâche et se mit tout simplement en grève.

Huit petites différences entre les singes et les humains qui font la grande différence

1. Les primates savent imiter, tout comme les enfants imitent leurs parents. Mais il y a une petite différence entre l'imitation par un primate et l'imitation par un homme. LES ENFANTS IMITENT PLUS INNOCEMMENT ET PLUS PLEINEMENT, CAR ILS PERÇOIVENT LEUR MODÈLE COMME UN PROFESSEUR OU COMME UN ADULTE QUI CONNAÎT UNE CHOSE IMPORTANTE.

La capacité du primate à imiter est faible. Les primates imitent de manière imparfaite. Cette différence mineure dans la façon dont les primates imitent produit une grande différence dans la vie des singes et des humains.

De même, il y a une grande différence entre les êtres humains qui copient innocemment et pleinement et ceux qui ne le font pas. Les êtres humains qui copient entièrement les autres êtres humains ont une meilleure qualité de vie et produisent une civilisation supérieure.

Par exemple, les pays européens sont presque identiques dans leurs économies, leurs infrastructures et leur richesse. Si vous voyagez en France, en Italie, en Suisse et en Allemagne, il est difficile de déceler des différences entre ces pays. Ils sont tous devenus riches en s'émulant les uns les autres.

Ces derniers temps, des pays comme la Chine et la Corée qui ont machinalement et complètement copié les pays développés ont progressé de manière significative, à la grande surprise du reste du monde. C'est la petite différence dans l*eur capacité à copier complètement et totalement* qui fait une grande différence entre eux et les autres pays sous-développés du monde.

Dans votre ministère, *votre capacité à imiter complètement et totalement vous distinguera considérablement des autres pasteurs* qui sont incapables de copier pleinement ce qu'ils voient chez d'autres grands ministres de l'évangile.

L'imitation est la forme la plus avancée de l'apprentissage. C'est une capacité naturelle qui est donnée à chaque enfant qui vient au monde. L'imitation a mauvaise réputation parce que certains copient aux examens. Mais ce n'est pas ce dont il s'agit. Je veux parler de la capacité à apprendre et à s'améliorer en copiant totalement et absolument quelqu'un qui réussit.

Il est important de copier complètement parce qu'il y a beaucoup de choses que les ministres qui réussissent font mais dont ils ne parlent pas. Beaucoup de personnes qui réussissent ne savent pas pourquoi elles réussissent. Si vous leur demandiez les secrets de leur réussite, elles ne vous dévoileraient probablement qu'une très petite partie de ce qui a fait leur succès. C'est pourquoi vous devez apprendre à partir de ce que les gens disent et de ce qu'ils font.

C'est pourquoi la Bible rapporte aussi bien les enseignements que la vie des gens. Dieu nous parle par leur vie comme par le biais de leurs enseignements. Même Jésus n'a pas enseigné tous les principes de Ses succès. C'est pourquoi Luc rapporte ce que Jésus a fait et ce qu'Il a dit. Remarquez : « Théophile, j'ai parlé, dans mon premier livre, de *tout ce que Jésus a commencé de faire et d'enseigner* dès le commencement, jusqu'au jour où il fut enlevé au ciel, après avoir donné ses ordres, par le Saint Esprit, aux apôtres qu'il avait choisis. » (Actes 1:1-2).

2. Les primates apprennent de leurs parents, tout comme les humains. Les parents primates enseignent à leurs petits tout comme les humains enseignent à leurs enfants. Mais il y a *une petite différence* entre l'enseignement par un primate et celui par un être humain. **LES PRIMATES NE RÉUNISSENT PAS LEURS ENFANTS EN GROUPES POUR LEUR APPRENDRE CE QU'ILS SAVENT.**

   Les primates sont incapables de s'asseoir dans une salle de classe pour apprendre des choses importantes de façon systématique. Cette petite différence fait une grande différence. La civilisation et l'évolution des êtres humains dépassent de loin la civilisation et le développement des primates en raison de cette différence minime.

   De même, les églises ou les organisations qui ne peuvent pas obtenir des groupes qu'ils s'assoient pour apprendre des choses importantes sont complètement différentes de celles qui sont en mesure de se réunir en groupes et d'enseigner systématiquement pendant de nombreuses heures.

3. Au cours de l'apprentissage, il y a de petites différences qui soulignent constamment les différences entre les primates et les êtres humains. Une telle petite différence est **LA**

CAPACITÉ À MONTRER DU DOIGT DES CHOSES IMPORTANTES ET À COMPRENDRE CE QUI EST MONTRÉ DU DOIGT. Montrer du doigt permet de montrer ce à quoi mon attention s'applique et ce à quoi je voudrais que votre attention s'applique une mère essaye constamment de montrer des choses à un enfant. Montrer du doigt en silence revient à donner une instruction, à donner des conseils et un enseignement.

Une petite différence entre un enfant et un singe est que l'enfant commence à montrer du doigt des choses et à remarquer les choses qu'on lui montre du doigt. **DE MANIÈRE ÉTONNANTE, LES PRIMATES N'ONT AUCUNE IDÉE DE CE QU'ON LEUR MONTRE DU DOIGT.** Si votre attention ne peut être attirée sur une chose importante, comment pouvez-vous vous développer correctement ?

De même, les différences entre les êtres humains sont plus évidentes, lorsqu'on ne peut pas attirer leur attention sur des choses importantes. Un patron montre du doigt à ses employés les choses importantes qui doivent être faites. Il indique pourquoi elles doivent être faites dans un délai déterminé. Et pourtant, de nombreux employés ne comprennent pas. Quel que soit le temps qu'il passe à expliquer certains éléments clés, ils ne semblent pas faire ce qu'il dit. Certainement, ces employés-là n'auront pas de promotion. C'est pourquoi certains demeurent dans l'obscurité.

Dans certains pays, on pointe du doigt l'absence de démocratie et le mauvais leadership. Mais pour une raison ou pour une autre, la nation ne semble pas comprendre. Tout ce que les gens veulent ce sont des prêts et des dons des pays riches. À d'autres moments, on montrera du doigt l'absence des industries et des gens riches dans le pays. Pourtant, les gens au pouvoir sont incapables de voir ce qui est montré du doigt.

En raison de cette impossibilité de voir ce qui est montré du doigt, d'immenses différences apparaissent entre les différents groupes d'individus. Des peuples extrêmement pauvres vivent dans un monde où vivent des gens très riches.

Pourtant, nous nous demandons les raisons des grandes différences qui existent entre les peuples habitant sur la planète. *Certaines choses sont montrées du doigt, et pourtant, des populations sont incapables de comprendre ce dont il s'agit.* Les différences énormes entre les êtres humains sont dues au manque de compréhension de ce qui est montré du doigt !

4. Les primates comme les humains peuvent comprendre des mots et suivre des instructions. On voit des singes dans des cirques et des zoos faires des tours qui impressionnent le public. Évidemment les primates peuvent comprendre des mots et suivre quelques instructions. Toutefois, il y a une petite différence entre la communication des primates et celle des humains. **LES PRIMATES NE PEUVENT PAS ENTRETENIR UNE CONVERSATION, ILS NE PEUVENT PAS RÉPONDRE À DE PETITS COMMENTAIRES. ILS NE PEUVENT PAS POSER DES QUESTION, ILS NE PEUVENT DEMANDER DES ÉCLAIRCISSEMENTS.** Cette petite différence est à l'origine d'une différence monumentale entre la vie des singes et celle des humains.

   De la même manière, les humains qui ne posent pas de questions, ne font pas de commentaires ou ne demandent pas d'éclaircissements à propos de certains problèmes deviennent complètement différents de ceux qui le font.

   Certains groupes d'êtres humains vivent depuis des générations sans s'être demandé : « Qui vit derrière cette montagne ? Qu'y a-t-il au-delà de ces pics ? » Ils ne se sont jamais posé de questions sur ce qui se trouve de l'autre côté de la mer. Mais d'autres groupes d'humains se posent des questions : « La terre est-elle plate ou ronde ? Y a-t-il quelqu'un au-delà de l'horizon ? Y a-t-il des terres ? Y a-t-il des gens ? Y a-t-il de l'eau au-delà de ce que je peux voir ? »

   POSER DES questions ET RECHERCHER DES ÉCLAIRCISSEMENTS PEUT SEMBLER ÊTRE UNE PETITE CHOSE, MAIS C'EST CE QUI A FAIT

UNE DIFFÉRENCE ENTRE DES POPULATIONS SUR TERRE. On a recherché de grandes différences pour expliquer la disparité entre les populations. On a tenté de mesurer la taille du cerveau, d'évaluer l'intelligence et le QI. On a toujours échoué parce que les grands traits demeurent identiques.

Dieu nous a faits tous égaux et tous également capables. Ce sont des petites différences qui font la grande différence. Aujourd'hui, certaines personnes veulent savoir s'il existe de l'eau et de la vie sur Mars alors que d'autres ne peuvent même pas trouver de l'eau sur la terre pour faire fonctionner leur chasse d'eau. Avez-vous remarqué comment certaines populations cherchent à étudier et à comprendre les lions, les léopards, les antilopes, les vers, les mouches, les oiseaux, les serpents, les requins et les baleines ? D'autres populations les tuent simplement quand ils les rencontrent. Ces petites différences sont à l'origine de la disparité que vous constatez entre les gens.

Au sein du ministère, les grandes différences entre les pasteurs et l'église sont aussi causées par cette même chose. Certaines personnes ne se demandent jamais : « Pourquoi cette personne peut-elle avoir une grande église ? Comment a-t-elle réussi ? Est-ce grâce à l'onction ? Si c'est grâce à l'onction, comment puis-je aussi l'obtenir ? Comment avez-vous obtenu cette onction ? » Malheureusement, beaucoup de pasteurs ne cherchent pas d'explications. Beaucoup de pasteurs ne posent pas de questions. Ils pensent simplement savoir. Ils pensent uniquement que le succès est dû à de mauvaises raisons. À cause de cela, il y a de grandes différences entre des pasteurs qui ont répondu au même genre d'appel divin.

5. Les primates n'ont pas la capacité à encourager les autres, ce qui est une aptitude de base pour l'enseignement. CETTE INAPTITUDE À APPLAUDIR ET À ENCOURAGER LES AUTRES AFFECTE LEUR CAPACITÉ À RECONNAÎTRE LA GRANDEUR. C'EST PARCE QU'ILS NE RECONNAISSENT PAS LA GRANDEUR QU'ILS

N'ONT PERSONNE À ÉMULER. L'inaptitude des primates à s'encourager les uns les autres et à encourager les autres inhibe aussi leur capacité à enseigner. Cette petite chose qui est absente dans la pratique de l'enseignement des singes provoque la grande différence entre un singe et un être humain. C'est ce qui *nous* permet de *les* attraper et de les mettre en cage pour les observer, plutôt qu'ils *nous* attrapent et *nous* mettent en prison.

Les singes comme les êtres humains ont des choses à enseigner à leurs petits. Même chez les lions, on a observé qu'ils apprenaient à leurs petits à chasser et à tuer. Mais, à cause de ces petites différences dans l'apprentissage entre les singes et les humains, des informations vitales ne sont pas transmises à la génération suivante de singes.

L'enseignement fige ou gèle les progrès qu'une génération a accomplis dans un domaine particulier. Chez les singes, il y a une perte des réalisations et des innovations culturelles qu'une génération a accomplies. Les humains ont à la fois la passion et les compétences intellectuelles pour s'enseigner les uns aux autres.

C'est peut-être pourquoi, Salomon répétait sans cesse : « Mon fils, sois attentif à mes paroles ». Il voulait transmettre les progrès, les connaissances, les réalisations et les compétences qu'il avait acquises. Chaque génération invente une chose simple. La génération suivante commence par une chose simple mais y ajoute ensuite une certaine complexité. C'est ce qui est à l'origine de la culture avancée de l'être humain. L'absence de cette petite capacité à transmettre des connaissances à la génération suivante est ce qui crée la grande différence entre les singes et les êtres humains.

Il y a une grande différence entre les gens qui apprennent à partir de l'histoire passée. Ceux qui apprennent de leurs pères sont bénis. Ceux qui méprisent les pères et les précurseurs raccourcissent leur propre vie.

Ils sont voués à une qualité de vie bien inférieure parce qu'ils n'accueillent pas les connaissances et l'expérience des pères. Les êtres humains qui respectent l'histoire, étudient la vie des hommes célèbres et apprennent à partir du passé sont très différents de ceux qui se font les champions de l'ignorance.

6. Les primates n'ont pas la capacité de coopérer. Ils collaborent de façon très limitée. Leur manque de coopération est ce qui les empêche de prévoir une attaque contre les civilisations humaines. Ils sont incapables d'organiser des réunions dans la jungle pour décider d'un plan d'action. Ils sont incapables de se rencontrer pour élaborer des stratégies sur la façon de déjouer collectivement les chasseurs humains. **CETTE INCAPACITÉ À COOPÉRER EST LA PETITE DIFFÉRENCE QUI FAIT UNE GRANDE DIFFÉRENCE ENTRE LA VIE DES SINGES ET CELLE DES ÊTRES HUMAINS.**

L'incapacité à choisir un chef, à aider un chef et à travailler ensemble à un objectif commun est ce qui confine les singes dans la forêt, tandis que vous et moi habitons très confortablement dans les villes.

Cette incapacité à coopérer est la petite différence qui fait la grande différence entre les nations. *L'incapacité à choisir un chef de façon démocratique, l'incapacité à être d'accord pour partager le pouvoir et à y accéder l'un après l'autre génère des différences colossales entre les nations.* Dans certains pays, la coopération est si importante que le président n'est même pas élu mais est simplement désigné avec un système de rotation d'une région à l'autre.

La capacité à coopérer est ce qui permet la naissance des entreprises, des banques, de la bourse, ce qui permet la fusion d'entreprises et les multinationales. La capacité à coopérer, c'est ce qui permet l'existence de clubs de football qui deviennent des entreprises de plusieurs millions de dollars et qui donnent du travail à des millions de personnes. L'incapacité à coopérer et à comprendre qu'après que vous aurez mangé, je mangerai aussi, qu'après que vous aurez profité, je profiterai également. C'est la différence qui est à l'origine de la triste disparité entre les populations. Vous remarquerez que plus les êtres humains ont cette particularité, plus ils développent une vie obscure et inférieure.

La capacité à construire une église ensemble, à encourager un leadership et à collaborer avec lui est essentielle pour nous éloigner de l'obscurité de la vie dans la jungle.

7. Les singes sont capables de reconnaître que les nombres ont un ordre croissant, mais ils sont incapables de les additionner ou des les soustraire. **LES SINGES NE PEUVENT PAS FAIRE D'ADDITION, CE QUI SIGNIFIE QU'ILS SONT INCAPABLES DE COMPRENDRE COMMENT CECI ET CECI DONNE CELA.** C'est cette incapacité à mettre ensemble des choses complexes et de voir comment une chose sans relation mène à une autre chose qui distingue le cerveau d'un singe du cerveau d'un être humain.

   Dans le monde des humains, cependant, ce principe fonctionne pour séparer les riches des pauvres. Étonnamment, les pays pauvres se spécialisent dans les choses mêmes qui génèrent de la pauvreté. Les pays pauvres continuent à se spécialiser dans les activités qui ne génèrent que plus de pauvreté. C'est peut-être parce que le rapport entre certaines activités et la pauvreté n'est pas facile à déceler. La plupart des grandes réussites de l'humanité sont possibles grâce au développement de choses complexes.

   Les pays riches semblent savoir que « ceci et ceci donne cela ». Ils ont donc insisté sur certains éléments qui génèrent toujours des richesses. Les pays riches mettent l'accent sur ce que l'on appelle les « activités à revenus croissants (industries) et les marchés imparfaits (la vente de voitures, d'ordinateurs, de téléphones portables, dont les prix sont déterminés de manière subjective et imparfaite par les fabricants eux-mêmes). Les pays riches insistent sur les innovations et les changements technologiques ». Ces mots ont l'air compliqués et ils le sont en effet. Mais ce sont des facteurs complexes qui génèrent des richesses.

Malheureusement, les pays pauvres ne semblent pas voir que « ceci et ceci donne cela ». Ils mettent donc l'accent sur les activités à revenus décroissants (agriculture, exploitation minière, pêche) et les marchés parfaits (l'or, le café, le thé et les bananes dont les prix sont déterminés de manière parfaite par le marché mondial). Les pays pauvres mettent l'accent sur des activités comme l'agriculture qui ont peu d'innovation et peu de changements techno-logique. Toutes ces choses qui ont l'air complexes sont les causes de la pauvreté. L'incapacité à additionner deux et deux est une cause de l'aggravation de la pauvreté dans des régions du monde qui sont déjà pauvres.

8. Les singes comme les êtres humains ont des émotions et des pulsions voraces.

   Mais il y a une petite différence entre les émotions et les pulsions des singes et celles des êtres humains. **LES SINGES NE CONTRÔLENT JAMAIS LEURS PULSIONS VORACES. LA RÉACTION D'UN SINGE FACE À UNE BANANE SERA TOUJOURS LA MÊME.** Elle sera toujours la même et ne changera jamais. Les êtres humains ont des réactions et des pulsions beaucoup moins incontrôlées.

   La réaction d'un être humain à la nourriture dépendra de ce qu'il pense qu'elle doit être. Les singes ne pensent jamais que leur réaction puisse être différente. Lorsqu'on a testé le contrôle des impulsions sur différents enfants, *on a découvert que plus un enfant résistait à ses pulsions, plus il obtenait de bons résultats scolaires plus tard.*

   C'est un fait que nous avons tous des pulsions et des envies soudaines. La petite différence réside dans la capacité à contrôler ces pulsions. Dans certains pays ou dans certaines églises, les dirigeants sont incapables de contrôler leur envie de prendre tout l'argent et de s'en servir pour leur propre bénéfice. Cette inaptitude à contrôler l'envie de s'accaparer le plus possible marque la différence avec les pays ou les églises riches.

On sait que des dirigeants de pays pauvres détournent des millions de dollars qu'ils ne peuvent jamais utiliser. Ils détournent machinalement des sommes d'argent énormes parce qu'ils ne peuvent pas contrôler leur pulsion d'accaparer de plus en plus. Étonnamment, cette petite différence est à l'origine des différences énormes que nous constatons dans le monde aujourd'hui.

Chapitre 14

« Celui qui a » ne gaspille pas les bonnes choses qui viennent de Dieu

Pourquoi les gens qui gaspillent deviennent pauvres

1. **Le gaspillage entraîne le début d'une saison difficile, faite de difficultés, de frustration et de pauvreté.**

Jésus dit aussi à ses disciples : Un homme riche avait un économe, qui lui fut dénoncé COMME DISSIPANT SES BIENS.

Luc 16:1

Parce que l'économe avait gaspillé les biens de son maître, il allait perdre son emploi et commencer une nouvelle saison de frustration et de difficulté. Il avait causé le début d'une mauvaise saison par sa manière de travailler qui entraînait beaucoup de pertes. Gaspiller des bonnes choses est une manière de déclencher les saisons mauvaises et difficiles de nos vies.

Cet homme riche possédait certains biens qui étaient de la responsabilité de l'économe. De la même manière, Dieu nous a donné tout ce que nous avons dans cette vie. Vous êtes les gardiens des ressources de Dieu, et Dieu veut que vous ne les gaspilliez pas.

Qui que vous soyez, sachez que Dieu a placé certaines choses sous votre responsabilité. Il a mis votre vie entre vos mains. Il vous a donné des parents, des enfants, de la terre, des arbres, des rivières, de l'argent et des possibilités. Mais Dieu s'attend à ce que vous les utilisiez avec sagesse. Si vous gaspillez les bénédictions et les opportunités que Dieu vous confie, ne soyez pas surpris au moment des mauvaises saisons des difficultés, du stress, des frustrations et de l'envie qui vous toucheront.

2. **Le gaspillage vous fait perdre votre emploi et ceci vous plonge dans la pauvreté.**

Jésus dit aussi à ses disciples : Un homme riche avait un économe, qui lui fut dénoncé comme DISSIPANT ses biens. Il l'appela, et lui dit : Qu'est-ce que j'entends dire de toi ? Rends compte de ton administration, CAR TU NE POURRAS PLUS ADMINISTRER MES BIENS.

Luc 16:1-2

Si vous gaspillez ce que Dieu vous a confié, vous perdrez votre position privilégiée et ne serez plus apprécié. Si vous n'utilisez pas les ressources de manière judicieuse, vous finirez pauvre. Tout comme cet intendant prodigue a dû rendre des comptes sur sa gestion, Dieu vous demandera de rendre des comptes sur la vôtre. Je crois que beaucoup de chrétiens échouent parce qu'ils gaspillent les ressources que Dieu leur a données. Il se peut que Dieu ne vous rappelle pas l'éducation qu'Il vous a donnée, le travail qu'Il vous a donné ou la vie qu'Il vous a donnée. Dieu vous donnera encore et encore, mais un jour, Il vous demandera de rendre compte de ce qui est sous votre responsabilité. Si vous ne pouvez pas rendre compte correctement de ces choses, vous perdrez votre emploi.

3. **Ceux qui gaspillent sont souvent trompés sur la manière dont la richesse est générée et ainsi détruisent la richesse par leur style de vie.**

Ceux qui gaspillent ont tendance à devenir pauvres, tandis que ceux qui peuvent cesser le gaspillage ont tendance à devenir riches.

Le plus jeune dit à son père : Mon père, donne-moi la part de bien qui doit me revenir. Et le père leur partagea son bien.

Peu de jours après, le plus jeune fils, ayant tout ramassé, partit pour un pays éloigné, où il DISSIPA SON BIEN en vivant dans la débauche. Lorsqu'il eut tout dépensé, une grande famine survint dans ce pays, et il commença à se trouver dans le besoin.

Luc 15:12-14

Lorsque vous pourrez arrêter de gaspiller votre argent, vous deviendrez riches. Dans la Bible, ces éléments qui gaspillent votre argent sont appelés les dévoreurs. Peu de gens sont conscients du lien entre le dévoreur et la création de richesse. Les gens sont plus prospères lorsqu'ils vivent dans un endroit où se trouvent moins de dévoreurs.

Malheureusement, les endroits où se trouvent moins de dévoreurs sont souvent peu attrayants, mais ceux qui ont eu l'audace de vivre dans de tels endroits bénéficient en général d'une bien meilleure qualité de vie. L'Afrique et d'autres pays en voie de développement comptent moins de « dévoreurs établis ».

« Apportez à la maison du trésor toutes les dîmes, Afin qu'il y ait de la nourriture dans ma maison ; Mettez-moi de la sorte à l'épreuve, Dit l'ÉTERNEL des armées. Et vous verrez si je n'ouvre pas pour vous les écluses des cieux, Si je ne répands pas sur vous la bénédiction en abondance.

Pour vous je menacerai celui qui dévore, Et il ne vous détruira pas les fruits de la terre, Et la vigne ne sera pas stérile dans vos campagnes, Dit l'ÉTERNEL des armées. »

Malachie 3:10-11

La promesse de Dieu à ceux qui paient la dîme est de punir le dévoreur. Dieu n'a pas promis d'augmenter le revenu de ceux qui paient la dîme. Il a promis de punir le dévoreur ou le gaspilleur. La création de richesses ne dépend pas de ce que vous gagnez mais de ce qui est gaspillé.

De nombreuses personnes gagnent beaucoup mais doivent payer beaucoup plus. C'est pourquoi les gens qui ont des salaires élevés n'ont souvent pas beaucoup d'argent à dépenser.

Le dévoreur leur prend tout. Les dévoreurs bien connus et « institutionnels » sont entre autres le loyer, les emprunts, les factures de la voiture, les factures d'eau, les factures de chauffage, les factures d'électricité, les factures de gaz, les taxes foncières, les impôts locaux, les impôts sur le revenu, les impôts pour la collecte des ordures, les salaires du personnel, les factures de santé, les factures d'assurance, les achats, les courses alimentaires, les amendes pour stationnement interdit, les amendes pour excès de vitesse, les vacances, les voitures neuves, etc., jusqu'à ce qu'il ne reste plus rien.

4. **Ceux qui gaspillent deviennent pauvres parce qu'ils sont les frères des fainéants.**

Celui qui se relâche dans son travail est FRÈRE DE CELUI QUI DÉTRUIT.

Proverbes 18:9

Il y a des années, mon père possédait un hôtel et il semblait qu'il ne marchait pas très bien. Il embaucha un directeur d'hôtel professionnel pour s'en occuper, mais les bénéfices n'arrivaient toujours pas. Sans qu'il s'en doute, tous les bénéfices étaient perdus à cause des activités néfastes du personnel de l'hôtel. En effet, celui qui gaspille est frère de celui qui est paresseux. En d'autres termes, ils appartiennent à la même famille et produisent donc le même effet.

Un jour, quelque chose s'est passé et il a licencié la plupart du personnel, y compris le directeur. Il m'a alors demandé si je connaissais quelqu'un qui pourrait diriger un hôtel. Je lui ai dit que je ne connaissais pas de directeur d'hôtel, mais qu'un des mes amis proches était quelqu'un d'honnête. Il m'a demandé de lui présenter cet ami et l'a embauché immédiatement. Cet ami ne savait pas gérer un hôtel, mais il était une personne honnête.

Pouvez-vous croire que le revenu de l'hôtel est passé du jour au lendemain de quinze unités jusqu'à peu près mille unités ? Mon ami n'avait pas introduit de nouvelles idées pour la gestion de l'hôtel. Il lui a suffit de ne pas voler et de ne pas gaspiller comme le faisaient les précédents employés.

Soudain, le dévoreur étant repoussé, le revenu de cet hôtel a atteint des sommets. Pour moi, c'était une des plus grandes leçons sur l'importance de repousser le dévoreur. Il ne s'agit pas de la quantité d'argent qui entre. Il s'agit de la manière de neutraliser les dévoreurs qui vous entourent.

Il y a des années, je me promenais dans des boutiques en Europe avec une amie qui, je l'ignorais, était une cleptomane. À ma très grande surprise, lorsque nous sommes sortis de la boutique elle m'a montré les choses qu'elle avait volées. Je ne pouvais pas en croire mes yeux, mais elle était excitée par son butin.

Elle me dit qu'elle faisait cela tout le temps. Puis je me suis rendu compte qu'il y avait beaucoup de gens qui volent constamment dans les grands magasins et dans les supermarchés. Il n'est pas étonnant que beaucoup de gens qui possèdent des supermarchés et des grands magasins fassent rarement des bénéfices. Les dévoreurs se promènent dans le magasin et retirent tous les bénéfices.

Après cet événement, j'ai remarqué la tendance qu'avaient les magasins à investir dans des caméras de surveillance et d'autres formes modernes de sécurité. Par le biais de diverses mesures innovantes et de la haute technologie, de nombreux grands magasins et supermarchés ont combattu la menace des vols et sont redevenus rentables.

En fait, la rentabilité de ces magasins dépendait simplement de la lutte contre le dévoreur. C'est exactement ce que Dieu promet de faire lorsque vous payez votre dîme. Le paiement de la dîme invoque la bénédiction essentielle de repousser le dévoreur et celui qui gaspille.

Une fois que le dévoreur est chassé de votre vie, une fois que vous arrêtez le gaspillage, vos richesses et vos biens commencent à augmenter. C'est pourquoi les personnes qui paient la dîme peuvent devenir riches : les dévoreurs sont chassés de leur vie par le Seigneur.

5. Ceux qui gaspillent détruisent la richesse, parce qu'ils ne savent pas ou ne comprennent pas ce que sont des choses de valeur.

Voici, j'ai créé l'ouvrier qui souffle le charbon au feu, Et qui fabrique une arme par son travail ; MAIS J'AI CRÉÉ AUSSI LE DESTRUCTEUR POUR LA BRISER.

Ésaïe 54:16

Celui qui gaspille devient généralement celui qui détruit parce qu'il ne sait pas apprécier les choses précieuses. Il ne sait même pas ce qu'il gère. Des choses qui ont vraiment une grande valeur sont déterminées par ce que dit la Bible, et non par ce que vous pensez. Dieu est plus sage que nous ; Dieu sait plus que nous et il nous montrera ce qui est véritablement précieux. La parole de Dieu est notre guide fiable nous indiquant ce qui a une vraie valeur. La parole de Dieu donne la vie, la lumière et les indications sur ce qui est précieux. Dieu attend de nous que nous recherchions Sa volonté concernant ce qui est précieux.

Dans un village africain éloigné de tout où se trouvait une mine de diamants, les enfants jouaient avec ce qu'ils pensaient être des pierres ordinaires. Un jour, quelqu'un est venu et leur a dit que les pierres qu'ils se jetaient étaient en réalité des diamants. Ils ont cessé de se jeter des « pierres » et ils ont commencé à les traiter avec le respect qu'elles méritent. Ils se sont rendu compte que ces « pierres » allaient être à l'origine de leur grande richesse. Votre vie change lorsque vous découvrez qu'une chose en particulier est importante.

Il est très important d'estimer, chérir et *d'accorder de la valeur* à des choses dans votre vie. Dans le monde entier, des gens vont à l'école pour apprendre simplement la valeur des propriétés foncières. Ceux sont des professionnels que l'on appelle des « évaluateurs » ou des « économistes fonciers ».

Lorsque vous connaitrez la valeur d'une chose, vous n'en abuserez pas. Il y a certaines choses que vous ne considérez pas parce que vous n'en connaissez pas l'importance. Pour beaucoup, seul l'argent a de la valeur ! Mais il est important de savoir qu'en dehors de l'argent, beaucoup d'autres choses sont précieuses.

Parfois les gens font de longs discours pour expliquer à quel point une chose est chère. C'est parce qu'ils veulent que vous sachiez à quel point ce qu'ils vous ont donné est précieux.

J'ai acheté une fois un cadeau pour un couple. Lorsque je le leur ai donné, ils le regardèrent presque avec mépris. Je sus immédiatement qu'ils en ignoraient le prix. Alors je leur ai dit combien leur cadeau m'avait coûté. J'ai immédiatement vu un changement dans leur attitude. Ils se sont levés et se sont rapprochés de leur cadeau pour l'examiner plus attentivement.

Parfois, il est important d'expliquer la valeur des choses aux gens afin qu'ils les traitent bien.

Douze choses que les riches ne gaspillent pas

1. « Celui qui a » ne gaspille pas les miettes de sa vie.

Jésus enseigna une grande leçon lorsqu'Il rassembla les miettes après avoir nourri la multitude sur la montagne. Au cours d'une des tournées évangéliques de Jésus, il y avait plus de cinq mille personnes qu'Il a dû nourrir. Philippe, un des disciples de Jésus, souligna que même deux cents deniers de pain n'auraient pas suffi pour les nourrir. Mais, le repas d'un petit garçon composé de cinq pains d'orge et de deux petits poissons fut béni par Jésus et il suffit à les nourrir tous.

> **Lorsqu'ils furent rassasiés, il dit à ses disciples : Ramassez les morceaux qui restent, afin que rien ne se perde.**
>
> **Jean 6:12**

Au lieu de prononcer simplement la bénédiction et de partir, Il ramassa douze paniers de miettes. Je suis sûr que chacun de ses douze disciples a rapporté un panier chez lui !

Si vous souhaitez suivre quelqu'un, suivez Jésus. Il est l'image immédiate de Dieu Lui-même. Pour voir ce que Dieu Lui-même aurait fait, regardez Jésus : il rassembla les miettes après avoir emmené cinq mille personnes au restaurant. Pourquoi quelqu'un qui pouvait se permettre d'emmener cinq mille personnes au restaurant s'intéresse-t-il aux miettes ? La réponse est simple : pour éviter le gaspillage ! Par frugalité ! Pour éviter les pertes !

Je peux dire, grâce à ma petite expérience ici-bas, que ce sont souvent les riches qui ramassent les miettes. **Si vous ne venez pas au lieu où les miettes sont importantes pour vous, vous ne deviendrez jamais riche et ne prospérerez jamais.**

Le Seigneur m'a dit lorsque nous avons commencé à construire notre église : « Si tu comptes tes centimes, tu n'en auras jamais assez. ».

J'ai trouvé que la parole de Dieu était vraie. Dans notre église, nous n'avons aucun magnat possédant de grandes entreprises qui finance en grande partie nos projets. La plupart des gens sont tout juste de la classe moyenne. Pourtant, nous sommes allés très loin et nous avons réalisé des projets représentant des millions de dollars. Nous avons ramassé les miettes ! Les miettes sont importantes pour nous.

La plupart des gens dans les pays pauvres et en voie de développement ne respectent pas les miettes. Les lumières qui ne servent pas restent allumées et l'eau fuit des robinets. L'eau fuit des tuyaux tout le temps, et cela ne dérange personne.

Lorsque j'ai rendu visite à mes grands-parents en Suisse, je me suis rendu compte du gaspillage en Afrique. Je laissais les lumières allumées tout le temps. En Suisse, seules les pièces dans lesquelles nous étions étaient éclairées. Toutes les autres pièces étaient dans le noir pour économiser de l'électricité.

Mon grand-père venait et disait, « Toi ! Toi ! ». Puis il agitait sa canne, et je devinais qu'il voulait que j'éteigne les lumières non nécessaires.

Parfois on peut se demander pourquoi certaines personnes prospèrent et certains ne le font pas. La Suisse est l'un des pays les plus riches du monde. En 1993, le PIB de la Suisse était de 219 milliards de dollars, tandis que celui du Ghana était seulement d'environ 6 milliards de dollars.

Au Ghana, qui est un pays pauvre, nous gaspillons l'électricité et devenons plus pauvres. En Suisse, qui est un pays riche, ils économisent l'électricité et deviennent de plus en plus riches !

Les miettes valent le repas complet. Quand vous économiserez jusqu'à la moindre miette, vous deviendrez riche.

Un dicton dit : « Ce sont les petites gouttes d'eau qui font les océans ». Ce n'est pas dit dans la Bible, mais c'est vrai.

La population du monde a constamment augmenté depuis 1900. Avant le tournant du XXe siècle, la population mondiale était restée stable, au même chiffre depuis de nombreuses années. Soudain, elle a commencé à augmenter de façon spectaculaire.

Que s'est-il passé pour faire augmenter le nombre d'habitants sur terre ?

C'est en grande partie dû aux grands progrès de la médecine. Il y a maintenant des remèdes pour la plupart des maladies mortelles qui tuaient auparavant un grand nombre de personnes. Lorsque le taux de mortalité baissa, le nombre de personnes augmenta. Si vous réduisez la quantité de morts (pertes ou gaspillages), votre richesse augmentera.

Si vous pouvez rester au même niveau de revenu et réduire le gaspillage, vous pourrez progresser et devenir riche.

Les pasteurs doivent apprendre que, s'ils arrivent simplement à réduire le nombre de personnes qui quittent leur église, leur église progressera.

J'apprécie tous les membres de mon église. Je fais de gros efforts pour empêcher les gens de quitter l'église.

Je veux fermer la porte arrière de l'église. Beaucoup d'églises ont un grand portail avant et une grande porte arrière : c'est pourquoi elles ne progressent jamais !

Votre entreprise augmentera lorsque vous pourrez faire cesser le gaspillage et éviter les factures élevées et inutiles. Ne comprenez-vous pas que tous vos bénéfices et vos progrès partent en fumée ?

Surveillez vos factures d'électricité, vos factures d'eau et vos factures de téléphone grâce à un tableau. Toutes ces factures réduisent vos progrès à néant.

2. **Celui qui a ne gaspille pas les bons pères et mères que Dieu lui a donnés. Celui qui n'a pas gaspille les bons pères que Dieu lui a donnés.**

   Honore ton père et ta mère (c'est le premier commandement avec une promesse)

   Éphésiens 6:2

Cela vous fera énormément de bien de mettre en valeur les pères et mères que Dieu a prévus pour vous. L'absence d'un père ou d'une mère a des répercussions incalculables sur les enfants. Malheureusement, les mères et les pères ne sont souvent appréciés qu'après leur mort.

J'ai remarqué une fois un homme transportant une énorme couronne de fleurs à bord d'un vol entre Amsterdam et Accra. C'est le plus bel ensemble de fleurs que j'avais jamais vu. Il était si grand qu'il fallait le poser sur un des sièges vides et l'attacher avec une ceinture de sécurité. Il allait apparemment enterrer sa mère. Je me demandais s'il avait acheté des fleurs pour elle lorsqu'elle était en vie. Je me demandais aussi s'il lui avait rendu visite lorsqu'elle était en vie. Nous devons accorder de la valeur aux personnes et aux choses pendant que nous les avons avec nous, ou nous le regretterons plus tard. Le principe de l'appréciation nous enseigne d'apprécier ce que nous avons, pour le traiter avec soin, afin de pouvoir en bénéficier.

3. **Celui qui a ne gaspille pas la bonne femme que Dieu lui a donnée. Celui qui n'a pas gaspille la bonne femme que Dieu lui a donnée.**

> Qui peut trouver une femme vertueuse ? Elle a bien plus de valeur que les perles.
>
> Proverbes 31:10

Beaucoup d'hommes en état d'échec ont des femmes qui se battent en sous-main et s'opposent à eux. La présence d'une femme méchante dans la vie d'un homme peut être dévastatrice. C'est lorsque vous voyez une femme non vertueuse en action que vous comprenez la valeur d'une femme vertueuse. Une femme vertueuse est vraiment très précieuse car il n'y a pas beaucoup de femmes véritablement vertueuses. N'oubliez pas qu'une demande forte et une offre faible est ce qui fait grimper le prix de tout bien. L'offre faible de femmes vertueuses est ce qui a fait grimper son prix au-dessus de celui des perles.

4. **Celui qui a ne gaspille pas une bonne réputation. Celui qui n'a pas gaspille des bonnes réputations.**

> La réputation est préférable à de grandes richesses, Et la grâce vaut mieux que l'argent et que l'or.
>
> Proverbes 22:1

> Une bonne réputation vaut mieux que le bon parfum, et le jour de la mort que le jour de la naissance.
>
> Ecclésiaste 7:1

Vous ignorez peut-être la valeur d'une bonne réputation. Il y a certains endroits où j'ai été et où j'ai eu une « bonne réputation » et d'autres où j'ai eu une « mauvaise réputation ». Cela dépendait souvent si des ennemis ou des amis y avaient été avant moi et cela dépendait de ce qu'ils disaient de moi ! Grâce à l'expérience, j'ai découvert qu'une bonne réputation vaut mieux que les richesses. Vous ne pouvez pas vous épanouir dans une atmosphère créée par une mauvaise réputation. Vous ne pouvez pas acheter une bonne réputation avec de l'argent. J'ai appris à apprécier une bonne réputation. Vous l'apprendrez, vous aussi ! Une fois que la réputation d'une école est ruinée, il est difficile de la rebâtir. Une bonne réputation vaut vraiment mieux que les richesses.

5. **Celui qui a ne gaspille pas les petites choses que Dieu lui apporte. Celui qui n'a pas gaspille et méprise les petites choses de la vie.**

> C'est par la foi que Moïse, devenu grand, refusa d'être appelé fils de la fille de Pharaon ; aimant mieux être maltraité avec le peuple de Dieu que d'avoir pour un temps la jouissance du péché, REGARDANT L'OPPROBRE DE CHRIST COMME UNE RICHESSE PLUS GRANDE que les trésors de l'Égypte, car il avait les yeux fixés sur la rémunération.
>
> Hébreux 11:24-26

Moïse connaissait la valeur du reproche qu'il affrontait. Celui-ci devint une bénédiction plus grande que toutes les richesses d'Égypte. Paul connaissait la valeur des épreuves, des reproches et des situations pénibles qu'il affrontait dans cette vie. Il pouvait voir ce qu'il y avait au-delà. Il savait qu'il y avait une grande bénédiction cachée dans la chose-même pour laquelle le peuple le méprisait.

> C'est pourquoi je me plais dans les faiblesses, dans les outrages, dans les calamités, dans les persécutions, dans les détresses, pour Christ; car, quand je suis faible, c'est alors que je suis fort. ...Et Il m'a dit : Ma grâce te suffit, car ma puissance s'accomplit dans la faiblesse. Je me glorificrai donc bien plus volontiers de mes faiblesses, afin que la puissance de Christ repose sur moi.
>
> 2 Corinthiens 12:10, 9

Malheureusement, ceux dont les esprits n'ont pas la latitude de saisir le bien qu'ils recevront de certaines choses sont continuellement mécontentes et ne parviennent pas à recevoir les bénédictions de Dieu à travers les petites choses de leur vie. Ils poursuivent des fantasmes et des choses qui ne leur profiteront pas. Au lieu de se contenter de ce que Dieu leur a donné, ils sont constamment à la recherche des choses suivantes qui donnent très peu de fruits.

Ceux qui méprisent les petites choses aiment poursuivre des fantasmes

Il existe un verset qui nous dit que si un homme a un modeste lopin de terre à sa disposition et qu'il l'utilise, il aura largement assez pour se nourrir. Mais si cet homme est plutôt à la recherche de ce qu'il imagine pouvoir trouver ailleurs, alors il sera pauvre pour toujours !

Celui qui cultive son champ est rassasié de pain, Mais celui qui poursuit des choses vaines est rassasié de pauvreté.

Proverbes 28:19

Pour cet homme, la différence entre l'abondance et la pauvreté sera déterminée par le fait qu'il travaille la terre dont il dispose, ou qu'il poursuit des fantasmes et des objectifs irréels.

La parcelle de terrain pourrait être son humble profession, son travail ou sa propriété. Il peut posséder un magasin ou un restaurant. Il peut être enseignant, médecin ou photographe. Quelle que soit sa profession, il doit en faire bon usage.

Malheureusement, beaucoup de gens perdent leur vie en poursuivant des fantasmes. Les fantasmes sont des choses qui ne sont pas réelles. Ce sont des choses que vous n'avez pas entre vos mains. Si vous avez un oiseau dans votre main, satisfaites-vous-en. Ne le lâchez pas en poursuivant sept oiseaux qui volent dans le ciel.

Au lieu de se concentrer sur l'école, certaines personnes tentent plutôt d'obtenir un visa pour voyager en Europe et en Amérique. J'ai connu un jeune homme brillant, que j'ai personnellement encouragé à aller à l'école et à qui j'ai même proposé de payer ses frais d'inscription. Mais au lieu d'aller à l'école, son idée était d'aller en Amérique pour y gagner beaucoup d'argent. Pendant de nombreuses années, il a attendu d'obtenir un visa pour aller en Amérique. Dix ans plus tard, ce jeune homme qui avait refusé d'aller à l'école car il attendait un visa était devenu un adulte analphabète.

Les gens recherchent quelque chose ailleurs, alors qu'ils ont quelque chose juste devant eux. Je connais quelqu'un qui est devenu millionnaire simplement en prenant des photos. Il a commencé par prendre des photos dans mon église et est devenu millionnaire.

Il y a des choses qui sont juste devant nos yeux, mais nous n'en voulons pas. Nous préférons quelque chose d'autre. Lorsque Dieu vous bénit avec le don d'une chose, utilisez-la !

J'ai aimé mon humble église au Ghana pendant de nombreuses années. Je crois que c'est ce que Dieu m'a donné. Je ne vais pas rechercher les fantasmes. Cultivez la terre qui se trouve devant vous et Dieu vous bénira par Son biais.

J'ai l'intention de cultiver la terre qui est devant moi et je sais que je serai béni par elle. Mais si je laisse ce que j'ai entre mes mains pour chasser le vent en essayant de devenir célèbre, j'aurai la pauvreté comme compagne !

6. **Celui qui a ne gaspille pas les bénédictions qui proviennent de l'église. Celui qui n'a pas gaspille les bénédictions qui proviennent de l'église.**

   Mieux vaut un jour dans tes parvis que mille ailleurs ; Je préfère me tenir sur le seuil de la maison de mon Dieu, Plutôt que d'habiter sous les tentes de la méchanceté.

   Psaumes 84:10

Un bon chrétien doit être capable de rester fidèlement dans une église où il sera nourri. Beaucoup de chrétiens gaspillent les bonnes églises et les pasteurs que Dieu leur donne, et ainsi, ils deviennent pauvres. Quand ils entendent parler d'une nouvelle église, ils s'y rendent en masse. Ce sont des chrétiens immatures, attirés par les choses tape-à-l'œil et voyantes. « Afin que nous ne soyons plus des enfants, flottants et emportés à tout vent de doctrine, par la tromperie des hommes, par leur ruse dans les moyens de séduction » (Éphésiens 4:14).

7. **Celui qui a ne gaspille pas les bénédictions de la Parole de Dieu. Celui qui n'a pas gaspille la Parole de Dieu.**

   Que tes paroles sont douces à mon palais, Plus que le miel à ma bouche !

   Psaumes 119:103

   Je n'ai pas abandonné les commandements de ses lèvres ; J'ai fait plier ma volonté aux paroles de sa bouche.

   Job 23:12

8. **Celui qui a ne gaspille pas la possibilité de recevoir la sagesse de la nature et de la création de Dieu.**

Celui qui n'a pas a une réponse presque standard à la sagesse quand il y est confronté. Il dit que ce n'est pas possible, il dit que ce n'est pas pratique et il dit que cela n'a jamais été fait auparavant. La sagesse n'est utile que lorsqu'elle est utilisée. La sagesse vous rend riche lorsque vous l'appliquez pratiquement de façon réelle. « Heureux l'homme qui a trouvé la sagesse et l'homme qui possède l'intelligence. Car le gain qu'elle procure est préférable à celui de l'argent, Et le profit qu'on en tire vaut mieux que l'or. Elle est plus précieuse que les perles, elle a plus de valeur que tous les objets de prix. Dans sa droite est une longue vie ; Dans sa gauche, la richesse et la gloire » (Proverbes 3:13-16).

Quand l'occasion se présente d'appliquer la sagesse de Dieu, beaucoup de chrétiens se moquent d'elle. Lorsque vous suggérez aux gens d'étudier la nature et d'apprendre la sagesse des animaux que Dieu a créés, ils se moquent de vous. Vous êtes-vous jamais demandé pourquoi certaines personnes aiment la nature et la vie sauvage ? Il y a tellement de choses à apprendre de ce que Dieu a créé. Même la nature de Dieu peut être apprise en étudiant les choses que Dieu a créées. « En effet, les perfections invisibles de Dieu, Sa puissance éternelle et Sa divinité, se voient comme à l'œil, depuis la création du monde, quand on les considère dans ses ouvrages. Ils sont donc inexcusables » (Romains 1:20).

Par exemple, l'étude des fourmis peut donner une grande sagesse au simple. Le roi Salomon étudia les animaux et cela le rendit sage.

> **Il a prononcé trois mille sentences, et composé mille cinq cantiques. Il a parlé sur les arbres, depuis le cèdre du Liban jusqu'à l'hysope qui sort de la muraille. IL A AUSSI PARLÉ SUR LES ANIMAUX, SUR LES OISEAUX, SUR LES REPTILES ET SUR LES POISSONS.**
>
> **Il venait des gens de tous les peuples pour entendre la sagesse de Salomon, de la part de tous les rois de la terre qui avaient entendu parler de sa sagesse.**
>
> **1 Rois 4:32-34**

Nous avons la possibilité d'apprendre des fourmis qui travaillent sans surveillance. Les gens qui n'ont pas cette sagesse doivent être surveillés constamment parce qu'il est dangereux de les laisser sans surveillance.

> Va vers la fourmi, paresseux ; Considère ses voies, et deviens sage : Elle n'a ni chef, Ni inspecteur, ni maître, Elle prépare en été sa nourriture, Elle amasse pendant la moisson de quoi manger. Paresseux, jusqu'à quand seras-tu couché ? Quand te lèveras-tu de ton sommeil ?
>
> Proverbes 6:6-9

Si vous êtes le type de travailleur qui n'a besoin d'aucune surveillance, vous démontrez que vous avez la sagesse d'une fourmi. Vous montrez aussi que vous ne gaspillez pas l'occasion d'utiliser la sagesse de la fourmi.

Si votre employeur doit recruter une personne pour vous surveiller, votre superviseur recevra alors de l'argent qui aurait pu vous être donné. Rappelez-vous également que votre superviseur devra être payé plus que vous.

Si vous avez besoin d'être surveillé, votre valeur est moindre, parce que vous êtes plus bas dans la hiérarchie de l'organisation.

J'ai regardé un documentaire sur un avion d'une compagnie aérienne américaine qui s'est écrasé quelque part en Amérique du Sud. C'était un Boeing 757 avec environ 195 personnes à bord. Le copilote était aux commandes de l'avion et non pas le capitaine. Un survivant raconta qu'il avait entendu le copilote dire : « Nous approchons de l'aéroport. La météo est très bonne, la visibilité est bonne, et nous devrions atterrir bientôt ».

Tout à coup, il entendit une forte détonation et les lumières s'éteignirent. Ce passager survivant s'est réveillé plus tard à l'hôpital. Juste après que les passagers avaient été assurés qu'ils arriveraient en toute sécurité, un terrible accident s'est produit et presque tout le monde a été tué. Il n'y eut que quatre survivants !

L'enregistrement de la conversation entre le commandant de bord et le copilote a été révélateur. Le copilote était absolument perdu. Il avait dirigé l'avion complètement hors de sa trajectoire et directement dans une montagne.

Malheureusement, ce copilote était quelqu'un qui avait besoin d'être constamment surveillé afin d'éviter de tuer beaucoup de personnes. Et c'est exactement ce qu'il fit lorsqu'il demeura sans surveillance. Si le capitaine lui-même avait dirigé l'avion, l'histoire aurait pu être complètement différente.

Je connais quelques hommes d'affaires dans mon église. Si je me rendais dans leur bureau le soir, à 23 heures, je les y trouverais probablement. À minuit le dimanche, certains d'entre eux peuvent se trouver dans leurs bureaux. Personne ne leur dit de travailler. Personne ne leur dit non plus de se lever tôt pour aller travailler.

Je connais des personnes qui ont commencé comme chauffeurs, mais qui ont gravi les échelons et sont devenus gérants parce qu'ils n'avaient besoin d'aucune surveillance. Si vous êtes suffisamment fiable pour travailler sans supervision, vous vous élèverez dans la hiérarchie. Ne perdez pas l'occasion d'utiliser la sagesse qui vient à vous par le biais de la nature.

9. Celui qui a ne gaspille pas l'occasion de gagner des âmes. Celui qui n'a pas, gaspille l'occasion de gagner des âmes.

> Et que servirait-il à un homme de gagner tout le monde, s'il perdait son âme ? Ou, que donnerait un homme en échange de son âme ?
>
> Matthieu 16:26

Pourquoi est-ce que je renoncerais à ma profession de docteur en médecine pour devenir un ministre de la Parole ? Est-ce que je ne pense pas qu'il est important de soigner les organes physiques des gens ? Si, je le pense !

Cependant, ma Bible m'a également dit que les âmes des hommes sont plus importantes que leurs corps physiques... Que donnerait un homme en échange de son âme ? Une âme est plus précieuse que toutes les villes de Londres, New York, Paris, Copenhague, Lagos, Nairobi, Johannesbourg et Accra.

Si je perds ma chance de gagner des âmes à présent que je suis sur cette terre, je le regretterai pour le reste de l'éternité. Si je gagne des âmes aujourd'hui, je réalise la chose la plus précieuse qui soit sur terre.

10. Celui qui a ne gaspille pas la bénédiction des pasteurs et des prophètes que Dieu lui a envoyée. Celui qui n'a pas gaspille les bénédictions qui lui viennent des pasteurs.

> Nous vous prions, frères, d'avoir de la considération POUR CEUX QUI TRAVAILLENT PARMI VOUS, qui vous dirigent dans le Seigneur, et qui vous exhortent.
>
> Ayez pour eux beaucoup d'affection, à cause de leur œuvre. Soyez en paix entre vous.
>
> 1 Thessaloniciens 5:12-13

Beaucoup de gens ne connaissent pas la grande valeur des humbles pasteurs qui officient pour eux tous les dimanches. Parfois, on se demande ce que recherchent les membres de l'église. Chaque fois qu'ils entendent qu'un prophète puissant réalise des merveilles ailleurs, ils prennent le train en marche. Beaucoup de gens suivent des prophètes sensationnels, l'un après l'autre, n'étant jamais satisfaits de leur pasteur, les gens se soumettent à toutes sortes de charlatans qui les délestent de leur argent et détruisent leur vie.

Au lieu d'honorer leurs pasteurs, les membres de l'église honoreraient plutôt un pasteur sensationnel en visite faisant des offrandes et des cadeaux incroyables. Ils sont tellement impressionnés par des choses nouvelles et spectaculaires. C'est parce qu'ils ne connaissent pas la valeur du pasteur qui s'occupe régulièrement d'eux et dont la parole agit dans leur vie. Parce qu'ils n'honorent pas la bonne personne, ils ne reçoivent pas la bénédiction complète et les onctions que leurs pasteurs pourraient leur prodiguer.

11. Celui qui a ne gaspille pas les occasions que Dieu lui donne. Celui qui n'a pas gaspille les occasions que Dieu lui donne.

Dans Luc 7:36, on apprend l'histoire du Pharisien qui invita Jésus à dîner. Au cours du repas, une femme se présenta avec une bouteille de parfum en albâtre qu'elle vida sur Ses pieds.

Puis elle commença à laver Ses pieds avec ses larmes et à les essuyer avec ses cheveux, les embrassant et les oignant avec le parfum.

Quand le Pharisien vit que Jésus n'empêchait pas la femme de faire cela, il commença à douter de la crédibilité de Jésus en tant que prophète. Selon lui, Jésus ne pouvait pas discerner que la femme était une pécheresse.

Jésus lut dans le cœur du Pharisien et prononça une parabole pour expliquer que la femme avait montré la grande appréciation qu'elle Lui portait pour Son ministère.

... Je suis entré dans ta maison, et tu ne m'as point donné d'eau pour laver mes pieds; mais elle, elle les a

mouillés de ses larmes, et les a essuyés avec ses cheveux. Tu ne m'as point donné de baiser ; mais elle, depuis que je suis entré, elle n'a point cessé de me baiser les pieds.

Luc 7:44, 45

Il s'agissait d'une femme qui sentait que Jésus était si important que, *alors que Jésus était vivant*, elle oignit Ses pieds avec le parfum le plus cher et les essuya avec ses cheveux.

Il est intéressant de noter que, lorsque Jésus mourut, les femmes qui avaient travaillé avec Lui sont venues avec des épices préparées et un onguent pour L'oindre.

Mais il était trop tard ! Elles rencontrèrent deux personnages vêtus de blanc comme les anges, qui leur dirent qu'Il avait ressuscité.

Le premier jour de la semaine, elles se rendirent au sépulcre de grand matin, portant les aromates... Elles trouvèrent que la pierre avait été roulée de devant le sépulcre... Elles ne savaient que penser de cela...

Luc 24:1, 2, 4

Vous seriez tout aussi perplexe si on découvrait trop tard que quelque chose d'utile vous avait été repris. L'occasion a disparu pour toujours ! Ces femmes sont venues avec tous leurs onguents précieux pour oindre le Maître, mais il était trop tard. Lorsque Jésus était parmi elles, elles n'ont sans doute pas compris à quel point Il était précieux.

Beaucoup de gens ne comprennent l'importance d'une chose que lorsque celle-ci a disparu. Partout dans le monde, des gens sont reconnus après leur mort.

Le premier président du Ghana, Kwame Nkrumah, a été insulté, ridiculisé et envoyé en exil lorsqu'il était vivant. Plusieurs années après sa mort, certains partis politiques luttèrent pour s'identifier à lui, s'appelant eux-mêmes les « Nkrumahistes ».

Beaucoup de gens importants sont reconnus à leur juste valeur *après* leur mort. À la mort de mon père, j'ai pleuré comme un bébé. Tout à coup, j'ai pris conscience de sa valeur d'une manière que je n'avais jamais connue de son vivant ! Lorsque vous perdez quelque chose pour toujours, vous vous rendez compte à quel point elle a été précieuse pour votre existence.

Lors des funérailles de Ron Brown (le secrétaire américain au commerce, qui est mort dans un accident d'avion), son fils a lu son hommage, retransmis en direct par CNN. Il a dit quelque chose qui m'a frappé comme soulignant le principe de la reconnaissance en temps opportun. Je pense qu'il a dit quelque chose à ce propos : « Je n'ai aucun sentiment de regret. Je lui ai dit tout ce que je pouvais lui dire. Il n'y a rien que j'aurais pu lui dire que je ne lui ai pas dit. J'ai eu la meilleure des relations avec mon père. Le jour où il est parti, je l'ai embrassé sur les lèvres pour lui dire au revoir. »

Il s'agissait d'un fils qui avait probablement peu à regretter après avoir perdu son père. Il ignorait que ce serait sa dernière occasion d'apprécier son père.

Nous devons apprécier les personnes et les choses avant que nous ne les perdions. Nombreux sont ceux qui s'agenouillent sur les tombes de leurs parents en pleurant. Ils ont du chagrin non seulement parce que la personne est morte, mais également parce qu'ils n'ont pas assez apprécié cette personne lorsqu'elle était vivante. Je vous invite à regarder dans votre vie pour voir s'il n'y a pas une personne que vous devez apprécier.

Heureusement, il n'est pas trop tard pour faire amende honorable. Identifiez toutes ces personnes et trouvez un moyen convenable d'exprimer votre appréciation à leur égard.

Dieu dit à Son peuple qu'il y a beaucoup de choses qu'Il nous a données qui souvent sont gaspillées. Si vous continuez à les gaspiller, Il vous les reprendra. Si Dieu vous donne un pasteur, et que vous ne l'appréciez pas, Il vous le retirera. Si Dieu vous donne une mère et que vous ne lui êtes pas reconnaissant, Il l'enlèvera. Si Dieu vous donne de l'argent et des ressources pour être une bénédiction pour la maison de Dieu, et que vous ne les utilisez pas à cette fin, Il vous les retirera et les donnera à quelqu'un d'autre.

12. Celui qui a ne gaspille pas les bonnes saisons de la vie. Celui qui n'a pas gaspille les bonnes saisons de la vie.

Pharaon fit un rêve qui comptait sept vaches grasses et sept vaches maigres. Dans ce rêve, il vit sept vaches grasses sortir brouter. Tout à coup, sept autres extrêmement maigres sortirent de l'eau et mangèrent les vaches grasses (Genèse 41:1-4).

Joseph, qui était alors prisonnier, expliqua au roi que les sept vaches maigres représentaient les années de pauvreté et que les sept vaches grasses représentaient les années de prospérité.

Dieu conseilla à Pharaon par l'intermédiaire de Joseph d'engranger les aliments pendant la période d'abondance, afin que lui et l'ensemble de l'Égypte puissent survivre aux années maigres. Il s'agit de la sagesse de Dieu.

Tout le monde connaît dans sa vie sept « vaches maigres » et sept « vaches grasses ». Les jours des sept vaches grasses viendront comme les jours des sept vaches maigres.

Il y aura toujours sept vaches maigres et sept vaches grasses et les vaches maigres mangeront toujours les plus grasses.

Cela signifie qu'il y a une période où les choses seront bonnes. Alors profitez-en au maximum pour faire des réserves pour les mauvais jours. Si vous économisez durant ces années-là, quand arriveront les années maigres, vous n'aurez pas à mendier votre pitance. Les sept vaches maigres dévorent toujours les sept plus grosses, donc si vous n'êtes pas sage durant votre saison prospère, la saison maigre vous sera très cruelle.

De nombreux hommes âgés semblent ne jamais avoir eu aucune richesse. Il est possible que beaucoup d'entre eux n'aient pas profité de leurs sept vaches grasses.

Mon père était un très bon avocat, qui s'occupa de diverses affaires au tribunal pendant plusieurs années. Grâce à son travail acharné, il devient riche et célèbre : ce furent ses années de vaches grasses. Plus tard, il tomba gravement malade et dut faire de nombreux séjours à l'hôpital. Mais il avait d'autres investissements qu'il put récolter durant ses dernières années.

Si vous n'apprenez pas à épargner et à investir pendant vos années de vaches grasses, les années de vaches maigres vous prendront de court soudainement, vous laissant avec rien d'autre que de vagues souvenirs du passé.

Les livres de

Dag Heward-Mills

1. Loyauté et déloyauté
2. Loyauté et déloyauté - Ceux qui vous accuse
3. Loyauté et déloyauté - Ceux qui sont des fils dangereux
4. Loyauté et déloyauté - Ceux qui sont ignorant
5. Loyauté et déloyauté - Ceux qui oublient
6. Loyauté et déloyauté - Ceux qui vous quittent
7. Loyauté et déloyauté - Ceux qui prétendent
8. La croissance de l'Eglise
9. L'implantation de l'Eglise
10. La méga église (2ème Edition)
11. Recevoir l'onction
12. Etapes menant à l'onction
13. Les douces influences de l'onction
14. Amplifiez votre ministère par les miracles et les manifestations du Saint Esprit
15. Transformer votre ministère pastoral
16. L'art d'être berger
17. L'art de leadership (3ème Edition)
18. L'art de suivre
19. L'art de ministère
20. L'art d'entendre (2ème Edition)
21. Perdre, Souffrir, Sacrifier et Mourir
22. Ce que signifie devenir berger
23. Les dix principales erreurs que font les pasteurs
24. Car on donnera à celui qui a et à celui qui n'a pas on ôtera même ce qu'il a
25. Pourquoi les chrétiens qui ne paient pas la dime deviennent pauvres et comment les chrétiens qui paient la dime peuvent devenir riches.
26. La puissance du sang
27. Anagkazo
28. Dites-leur
29. Comment naître de nouveau et éviter l'enfer
30. Nombreux sont appelés
31. Dangers spirituels
32. La Rétrogradation
33. Nommez-le! Réclamez-le ! Prenez-le !
34. Les démons et comment les affronter
35. Comment prier
36. Formule pour l'humilité
37. Ma fille, tu peux y arriver
38. Comprendre le temps de recueillement
39. Ethique ministérielle (2ème Edition)
40. Laikos

www.ingramcontent.com/pod-product-compliance
Lightning Source LLC
LaVergne TN
LVHW012330100826
845148LV00017B/1944

* 9 7 8 9 9 8 8 8 5 0 3 3 3 *